ÉLÉMENTS

DE LA

GRAMMAIRE LATINE

A la même Librairie :

EXERCICES GRADUÉS DE LATINITÉ

OU

COURS SIMULTANÉ DE THÈMES ET DE VERSIONS

SUR LA

Grammaire latine de Lhomond,

Par un Professeur de l'Académie de Paris.

Paris.—Imprimerie Bonaventure et Ducessois, quai des Grands-Augustins, 55

—Août 1856.—

ÉLÉMENTS

DE LA

GRAMMAIRE LATINE

PAR LHOMOND

NOUVELLE ÉDITION

SOIGNEUSEMENT REVUE SUR LES ÉDITIONS ORIGINALES

et augmentée de quelques notes

PAR UN PROFESSEUR DE L'ACADÉMIE DE PARIS

PARIS

DEZOBRY, E. MAGDELEINE ET Cⁱᵉ, LIBRAIRES-ÉDITEURS

Rue du Cloître-St-Bénoît, 10 (quartier de la Sorbonne).

PRÉFACE.

Cette Grammaire est divisée en trois parties. La première contient les éléments de la langue latine à l'usage des commençants. On s'est proposé d'écarter de ces commencements tout ce qui pourrait embarrasser ou rebuter les enfants.

1° Pour ôter tout embarras, l'on n'y parle point d'abord des Noms irréguliers, ni d'aucune exception ; on suppose que la marche de la langue est parfaitement régulière : c'est sur ce plan que l'on a rédigé la table des déclinaisons et des conjugaisons. Cependant, comme il y a des exceptions qu'il faut que l'enfant connaisse, on a mis à la fin, sous le titre de *Supplément*, toutes les irrégularités qui se trouvent soit dans les Noms, soit dans les Verbes, etc. Il n'y a alors nul inconvénient à les lui présenter.

2° Pour faire sentir à l'enfant l'usage des premières leçons, et dissiper l'ennui qui les accompagne, l'on a mis à la fin de chaque espèce de mots la règle générale de syntaxe qui la concerne : ainsi, après qu'il a décliné des Noms, on lui apprend que, pour joindre ensemble deux Noms, l'on met en français le mot *de* entre les deux Noms, et qu'en latin on met le second au Génitif. Par ce moyen l'on peut, au bout de quelques jours, lui donner pour devoir, *flos horti, pedum pastoris, odor rosæ*, etc., à traduire en français, et ce sera une petite version ; ou bien *le fruit de l'arbre, le palais du roi, la lumière du soleil*, etc., à mettre en latin, et ce sera un petit thème. L'enfant en sait assez pour faire ces deux petites opérations, qui concourent également à graver la règle dans sa mémoire, et qui ne peuvent manquer de le flatter agréablement par la pensée qu'il est déjà capable d'opérer dans une langue qu'il ne connaissait pas encore peu de jours auparavant. De même, après qu'il a décliné des Adjectifs, on lui dit que, pour joindre un Adjectif avec un Nom, on donne à cet Adjectif le même genre, le même nombre et le même cas que ceux du Nom ; ce qui le met en état de traduire en français ces petites phrases : *rosa pulchra, pater bonus, exemplum egregium*, etc. ; ou de mettre en latin celles-ci : *la bonne mère, le beau jardin, le temple magnifique*, etc. On ajoute aussi la règle générale des Pronoms à l'article des Pronoms, la règle générale des Verbes à la fin des conjugaisons, etc., etc. Cette manière de présenter séparément les premiers procédés de la langue a encore cet avantage, qu'elle les grave plus nettement et plus distinctement dans l'esprit des enfants.

La seconde partie contient *la Syntaxe*, et la troisième renferme ce que l'on appelle *la Méthode*.

J'ai essayé de mettre dans ces deux parties plus d'ordre, et surtout plus de clarté, en divisant les règles composées, pour ne pas présenter trop d'objets à la fois ; en plaçant chaque règle dans le lieu où l'enfant a déjà acquis les connaissances nécessaires pour la comprendre ; en indiquant, par une version littérale, les tours étrangers à notre langue, etc., etc., etc.

Les règles qui guident dans l'étude du latin sont de deux espèces. Les premières conviennent à cette langue considérée en elle-même et sans aucun rapport à toute autre langue : telles sont celles que Cicéron eût données à son fils. Il ne lui aurait parlé que de la phrase latine, et nullement des locutions françaises, qui n'existaient pas alors. Cette première espèce de règles est l'objet de ce qu'on appelle *Syntaxe latine*, qui doit contenir les règles de la langue latine, abstraction faite de toute autre langue.

Mais il y a des règles d'une autre espèce à apprendre. Elles sont fondées sur la différence que l'on remarque entre le latin et une autre langue à laquelle on le compare, le français, par exemple : telles sont les règles qui concernent notre Conjonction *que*, notre Pronom indéfini *on*, etc. Ces dernières règles sont la matière de ce qu'on appelle *Méthode latine*, qui ne doit être qu'un recueil des principales différences qui se trouvent entre ces deux langues.

Il suit de là que la Syntaxe latine doit être la même en tout pays, au lieu que la Méthode latine est différente en différents pays où l'on parle un idiôme particulier. La Méthode latine, en France, doit contenir les différences que l'on remarque entre le français et le latin ; en Allemagne, la Méthode latine indiquerait celles qui se trouvent entre le latin et l'allemand, etc.

En suivant cet ordre, les gallicismes ne devraient pas être placés dans la Syntaxe ; mais, comme il arrive souvent qu'ils ont un rapport marqué avec certaines règles de la Syntaxe, j'en ai rapproché quelques-uns de ces règles, pour faire mieux sentir le rapport. En général, j'ai cherché l'ordre et la clarté, mais j'ai cru qu'au besoin je devais préférer la clarté à l'ordre : c'est la raison de quelques déplacements que l'on pourra remarquer.

On ne trouvera qu'un seul changement dans les termes de grammaire : c'est qu'au lieu du mot *Substantif*, que les enfants n'entendent point, j'ai toujours employé celui de *Nom*, dont le sens est clair. Du reste, j'ai respecté le langage reçu : ainsi, j'ai dit *le Nominatif du Verbe* au lieu de *sujet du Verbe*, parce que le Nominatif ayant une terminaison propre, les enfants le connaissent, pour ainsi dire, de vue, au lieu que le mot de *sujet* ne présente qu'une idée abstraite. J'ai même employé l'expression *Nominatif français*, quoique notre langue n'ait point de cas, parce que le rapport particulier, dont le Nominatif est le signe, est commun à toutes les langues.

Est-il besoin d'avertir que les règles contenues dans cet ouvrage sont établies sur l'usage le plus fréquent des auteurs ? Je sais qu'ils s'en écartent quelquefois ; mais le dire à des enfants, ce serait les jeter dans l'incertitude, et mettre de la confusion dans leurs idées. J'ai choisi les exemples les plus courts, afin de ne point partager l'attention de l'enfant, et de fixer ses yeux et son esprit uniquement sur le mot qui est l'objet de la règle.

Au surplus, le meilleur livre élémentaire, c'est la voix du maître, qui varie ses leçons et la manière de les présenter, selon les besoins de ceux à qui il

parle : rien ne peut tenir lieu de ce secours. Prétendre qu'un livre muet puisse le remplacer, c'est
pure charlatanerie.

Je connais les nouveaux plans de Grammaire que
l'on propose depuis quelques années, les reproches
que l'on fait à la méthode vulgaire, et les déclama-
tions peu mesurées que l'on se permet contre ceux
qui la suivent. A tout cela je n'ai qu'un mot à répondre : *La métaphysique ne convient point aux
enfants.* Quels sont, en effet, les principes que nous
offrent ces nouveaux plans? Les voici fidèlement
transcrits : *Les Noms sont des mots qui expriment
déterminément les êtres, en les désignant par l'idée
de leur nature.* (Gramm. Gén., tome 1, page 235.)
*Les Adjectifs sont des mots qui expriment des êtres
indéterminés, en les déterminant par une idée précise, mais accidentelle à la nature commune, déterminément énoncée par les Noms appellatifs auxquels on les joint. Les Pronoms sont des mots qui
présentent à l'esprit des êtres déterminés par l'idée
précise d'une relation personnelle à l'acte de la pa-
role. Les Verbes sont des mots qui expriment des
êtres indéterminés, en les désignant par l'idée précise de l'existence intellectuelle, avec la relation à
un attribut,* etc., etc. Les autres nouvelles Gram-
maires, même celles que l'on nomme *élémentaires,*
sont sur le même ton; et les autres s'appuient de
l'autorité de celles-là.

De bonne foi, est-ce là le langage qu'il faut parler aux enfants? Sont-ils en état de l'entendre? Nos
règles, dit-on, n'éclairent pas l'esprit : je laisse au
public à juger si celles que l'on y substitue sont

1.

beaucoup plus lumineuses. Si nos règles n'éclairent pas les enfants, du moins elles les guident; à cet âge, on est bien plus capable d'être guidé que d'être éclairé dans ces sortes de matières. On peut se proposer deux choses dans l'étude d'une langue : 1° de connaître l'usage, ce qui se réduit à ce fait : *Voilà comme on s'exprimait chez tel peuple;* 2° de connaître la raison de cet usage. La première connaissance, celle du fait, suffit pour entendre les auteurs, et elle est certainement la seule qui convienne à la faible intelligence des enfants. C'est cette connaissance du fait que donnent nos livres élémentaires: toutes les règles qu'ils contiennent se réduisent à indiquer, sur chaque espèce de mots, sur chaque tour de phrase, la manière dont les Latins s'exprimaient,

ÉLÉMENTS

DE LA

GRAMMAIRE LATINE.

PREMIÈRE PARTIE.

Il y a en latin neuf sortes de mots, le *Nom*, l'*Adjectif*, le *Pronom*, le *Verbe*, le *Participe*, l'*Adverbe*, la *Préposition*, la *Conjonction* et l'*Interjection*.

PREMIÈRE ESPÈCE DE MOTS.

LE NOM.

§ **1.** Le *Nom* est un mot qui sert à nommer une personne ou une chose, comme *Pierre, Paul, livre, chapeau*.

Il y a dans les Noms deux nombres ; le *Singulier*, quand on parle d'une seule personne ou d'une seule chose : ainsi *un homme, une rose*, sont au nombre singulier ; le *Pluriel*, quand on parle de plusieurs personnes ou de plusieurs choses : ainsi *les hommes, les roses*, sont au nombre *pluriel*.

En latin le Nom change sa dernière syllabe : ainsi *rosa* fait *rosæ, rosam, rosarum, rosis, rosas* : ces différentes manières de finir un Nom s'appellent *Cas*.

Il y en latin six *Cas*, savoir : le *Nominatif*, le *Génitif*, le *Datif*, l'*Accusatif*, le *Vocatif* et l'*Ablatif*. Quand on récite de suite les six cas d'un Nom, cela s'appelle *décliner*. Il y a en latin cinq *Déclinaisons* différentes, que l'on distingue par le Génitif singulier et pluriel.

PREMIÈRE DÉCLINAISON.

§ 2. La première Déclinaison a le Génitif singulier en *æ*, et le Génitif pluriel en *arum*.

NOMBRE SINGULIER.

Nom.		Ros a, (fém.)	la Rose.
Gén.		Ros æ,	de la Rose.
Dat.		Ros æ,	à la Rose.
Acc.		Ros am	la Rose.
Voc.	o	Ros a,	ô Rose.
Abl.		Ros â,	de la Rose.

NOMBRE PLURIEL.

Nom.		Ros æ,	les Roses.
Gén.		Ros arum,	des Roses.
Dat.		Ros is,	aux Roses.
Acc.		Ros as,	les Roses.
Voc.	o	Ros æ,	ô Roses.
Abl.		Ros is,	des Roses.

Ainsi se déclinent tous les Noms dont le Génitif singulier est en *æ*, et le Génitif pluriel en *arum*, comme :

Statu a, æ, *la Statue.*	Mens a, æ, *la Table.*
Hor a, æ, *l'Heure.*	Herb a, æ, *l'Herbe.*
Port a, æ, *la Porte.*	Caud a, æ, *la Queue.*
Plum a, æ, *la Plume.*	Musc a, æ, *la Mouche.*

DEUXIÈME DÉCLINAISON.

§ 3. La deuxième Déclinaison a le Génitif singulier en *i*, et le Génitif pluriel en *orum*.

SINGULIER.

Nom.		Domin us, (masc.)	le Seigneur.
Gén.		Domin i,	du Seigneur.
Dat.		Domin o,	au Seigneur.
Acc.		Domin um,	le Seigneur.
Voc.	o	Domin e,	ô Seigneur.
Abl.		Domin o,	du Seigneur.

PLURIEL.

Nom.	Domin i,	*les Seigneurs*.*
Gén.	Domin orum,	*des Seigneurs.*
Dat.	Domin is,.	*aux Seigneurs.*
Acc..	Domin os,	*les Seigneurs.*
Voc.	o Domin i,	*ô Seigneurs.*
Abl.	Domin is,	*des Seigneurs.*

Ainsi se déclinent tous les Noms dont le Génitif singulier est en *i*, et le Génitif pluriel en *orum*, comme :

Hort us, i, *le Jardin.*   Corv us, i, *le Corbeau.*
Lup us, i, *le Loup.*   Av us, i, *le Grand-Père.*
Popul us, i, *le Peuple.*   Asin us, i, *l'Ane.*
Cerv us, i, *le Cerf.*   Capill us, i, *le Cheveu.*

* Remarquez bien que, dans les Noms français, le pluriel se forme en ajoutant *s*.

NOMS *de la deuxième Déclinaison qui ont le Nominatif singulier en* er : *dans ces Noms le Vocatif est semblable au Nominatif.*

SINGULIER.

Nom.	Puer, (*masc.*)	*l'Enfant.*
Gén.	Puer i,	*de l'Enfant.*
Dat.	Puer o,	*à l'Enfant.*
Acc.	Puer um,	*l'Enfant.*
Voc.	o Puer,	*ô. Enfant.*
Abl.	Puer o,.	*de l'Enfant.*

PLURIEL.

Nom.	Puer i,	*les Enfants.*
Gén.	Puer orum,	*des Enfants.*
Dat.	Puer is,	*aux Enfants.*
Acc.	Puer os,	*les Enfants.*
Voc.	o Puer i,	*ô Enfants.*
Abl.	Puer is,	*des Enfants.*

Ainsi se déclinent :

Magist er, ri, *le Maître.*   Lib er, ri, *le Livre.*
Ap er, ri, *le Sanglier.*   Vir, i, *l'Homme.*

REMARQUE. Il y a en français deux genres, le genre *masculin* et le genre *féminin*. Les Noms d'hommes sont du masculin, comme le Grand-Père, *Avus* ; les Noms de femmes sont du féminin, comme la Fille, *Filia*. Ensuite, par imitation, l'on a donné le genre masculin ou le genre féminin à des choses qui ne sont ni mâles ni femelles : ainsi l'on a fait le Jardin, *Hortus*, du masculin ; la Rose, *Rosa*, du féminin. En latin, il y a un troisième genre qu'on appelle *neutre*. Les Noms qui ne sont ni du genre masculin ni du genre féminin sont du genre neutre.

Le genre de chaque Nom est marqué ainsi : *m.* pour le masculin ; *f.* pour le féminin ; *n.* pour le neutre.

SINGULIER.

Nom.		Templ um, (*n.*)	le *Temple.*
Gén.		Templ i,	du *Temple.*
Dat.		Templ o,	au *Temple.*
Acc.		Templ um,	le *Temple.*
Voc.	o	Templ um,	ô *Temple.*
Abl.		Templ o,	du *Temple.*

PLURIEL.

Nom.		Templ a,	les *Temples.*
Gén.		Templ orum,	des *Temples.*
Dat.		Templ is,	aux *Temples.*
Acc.		Templ a,	les *Temples.*
Voc.	o	Templ a,	ô *Temples.*
Abl.		Templ is,	des *Temples.*

Ainsi se déclinent tous les Noms neutres dont le Génitif singulier est en *i*, et le Génitif pluriel en *orum*, comme :

Brachi um, i, *le Bras.*   Vin um, i, *le Vin.*
Foli um, i, *la Feuille.*   Coll um, i, *le Cou.*
Bell um, i, *la Guerre.*   Exempl um, i, *l'Exemple.*
Viti um, i, *le Vice.*   Studi um, i, *l'Etude.*

TROISIÈME DÉCLINAISON.

§ 4. La troisième Déclinaison a le Génitif singulier en *is*, et le Génitif pluriel en *um*.

SINGULIER.

Nom.		Soror, (*f*)	la *Sœur.*
Gén.		Soror is,	de la *Sœur.*
Dat.		Soror i,	à la *Sœur.*
Acc.		Soror em,	la *Sœur.*
Voc.	o	Soror,	ô *Sœur.*
Abl.		Soror e,	de la *Sœur.*

Nom.	Soror es,	*les Sœurs.*
Gén.	Soror um,	*des Sœurs.*
Dat.	Soror ibus,	*aux Sœurs.*
Acc.	Soror es,	*les Sœurs.*
Voc.	o Soror es,	*ô Sœurs.*
Abl.	* Soror ibus,	*des Sœurs.*

Ainsi se déclinent tous les Noms masculins et féminins dont le Génitif singulier est en *is*, et le Génitif pluriel en *um*, comme :

Labor, is, *le Travail.* Dolor, is, *la Douleur.*
Pat er, ris, *le Père.* Mat er, ris, *la Mère.*
Virg o, inis, *la Jeune fille.* Sermo, nis, *le Discours.*
Hom o, inis, *l'Homme.* Mil es, itis, *le Soldat.*

* Tous les cas se forment du Génitif singulier, excepté le Vocatif et le Nominatif.

Nom *neutre de la troisième Déclinaison.*

Nom.	Corpus, (*n.*)	*le Corps.*
Gén.	Corpor is,	*du Corps.*
Dat.	Corpor i,	*au Corps.*
Acc.	Corpus,	*le Corps.*
Voc.	o Corpus,	*ô Corps.*
Abl.	Corpor e,	*du Corps.*

Nom.	Corpor a,	*les Corps.*
Gén.	Corpor um,	*des Corps.*
Dat.	Corpor ibus,	*aux Corps.*
Acc.	Corpor a,	*les Corps.*
Voc.	o Corpor a,	*ô Corps.*
Abl.	Corpor ibus,	*des Corps.*

Ainsi se déclinent les Noms neutres suivants :

Temp us, oris, *le Temps.* Ol us, eris, *le Légume.*
Cap ut, itis, *la Tête.* Pec us, oris, *le Troupeau.*
Lum en, inis, *la Lumière.* Pect us, oris, *la Poitrine.*
Nem us, oris, *le Bois.* Vuln us, eris, *la Blessure.*

Nom.	Av is, (*f.*)	*l'Oiseau.*
Gén.	Av is,	*de l'Oiseau.*

Dat.	Av i,	à l'Oiseau.
Acc.	Av em,	l'Oiseau.
Voc.	o Av is,	ô Oiseau.
Abl.	Av e,	de l'Oiseau.

PLURIEL.

Nom.	Av es,	les Oiseaux.
Gén.	Av ium,	des Oiseaux.
Dat.	Av ibus,	aux Oiseaux.
Acc.	Av es,	les Oiseaux.
Voc.	o Av es,	ô Oiseaux.
Abl.	Av ibus,	des Oiseaux.

Déclinez de même :

No x, ctis, *la Nuit.*   Mens is, is, *le Mois.*
Coll is, is, *la Colline.*   Cæd es, is, *le Carnage.*
Mon s, tis, *la Montagne.*   Fon s, tis, *la Fontaine.*

QUATRIÈME DÉCLINAISON.

§ 5. La quatrième Déclinaison a le Génitif singulier en *ús*, et le Génitif pluriel en *uum*.

SINGULIER.

Nom.	Man us, (*f.*)	la Main.
Gén.	Man ûs,	de la Main.
Dat.	Man ui,	à la Main.
Acc.	Man um,	la Main.
Voc.	o Man us,	ô Main.
Abl.	Man u,	de la Main.

PLURIEL.

Nom.	Man us,	les Mains.
Gén.	Man uum,	des Mains.
Dat.	Man ibus,	aux Mains.
Acc.	Man us,	les Mains.
Voc.	o Man us,	ô Mains.
Abl.	Man ibus,	des Mains.

Ainsi se déclinent :

Fruct us, ûs, *le Fruit.*   Vult us, ûs, *le Visage.*
Exercit us, ûs, *l'Armée.*   Curr us, ûs, *le Char.*

Nom *neutre de la quatrième Délinaison.*

REMARQUE. Les Noms neutres de la quatrième Déclinaison sont indéclinables au singulier, c'est-à-dire qu'ils ne changent point leur dernière syllabe; mais ils se déclinent au pluriel.

SINGULIER.

Nom.	Corn u, (*n.*)	*la Corne.*
Gén.	Corn u,	*de la Corne.*
Dat.	Corn u,	*à la Corne.*
Acc.	Corn u,	*la Corne.*
Voc.	o Corn u,	*ó Corne.*
Abl.	Corn u,	*de la Corne.*

PLURIEL.

Nom.	Corn ua,	*les Cornes.*
Gén.	Corn uum,	*des Cornes.*
Dat.	Corn ibus,	*aux Cornes.*
Acc.	Corn ua,	*les Cornes.*
Voc.	o Corn ua,	*ó Cornes.*
Abl.	Corn ibus,	*des Cornes.*

Ainsi se déclinent :

Gen u, *le Genou.*   Tonitr u, *le Tonnerre.*

CINQUIÈME DÉCLINAISON.

§ 6. La cinquième Déclinaison a le Nominatif en *es*, le Génitif singulier en *ei*, et le Génitif pluriel en *erum*.

SINGULIER.

Nom.	Di es, (*m. f.*)	*le Jour.*
Gén.	Di ei,	*du Jour.*
Dat.	Di ei,	*au Jour.*
Acc.	Di em,	*le Jour.*
Voc.	o Di es,	*ó Jour.*
Abl.	Di e,	*du Jour.*

PLURIEL.

Nom.	Di es,	*les Jours.*
Gén.	Di erum,	*des Jours.*
Dat.	Di ebus,	*aux Jours.*

Acc.	**Di es,**	*les Jours.*
Voc.	o **Di es,**	*ô Jours.*
Abl.	**Di ebus,**	*des Jours.*

Ainsi se déclinent :

Res, rei, *la Chose.* Faci es, ei, *le Visage.*
Speci es, ei, *l'Apparence.* Spes, spei, *l'Espérance.*

REMARQUE. Les Génitifs, Datifs et Ablatifs pluriels ne sont point usités, excepté dans *res, dies* et *species.*

TABLEAU GÉNÉRAL *dans lequel on a mis sous un même coup d'œil toutes les Déclinaisons.*

SINGULIER.

	1.	2.	3.	4.	5.
N.	Rosa,	dominus,	soror,	manus,	dies,
G.	Rosæ,	domini,	sororis,	manûs,	diei,
D.	Rosæ,	domino,	sorori,	manui,	diei,
A.	Rosam,	dominum,	sororem,	manum,	diem,
V.	o Rosa,	domine,	soror,	manus,	dies,
A.	Rosâ.	domino.	sorore.	manu.	die.

PLURIEL.

N.	Rosæ,	domini,	sorores,	manus,	dies,
G.	Rosarum,	dominorum,	sororum,	manuum,	dierum,
D.	Rosis,	dominis,	sororibus,	manibus,	diebus.
A.	Rosas,	dominos,	sorores,	manus,	dies,
V.	o Rosæ,	domini,	sorores,	manus,	dies.
A.	Rosis.	dominis.	sororibus.	manibus.	diebus.

REMARQUE. Dans toutes les Déclinaisons, les Datifs et Ablatifs pluriels sont semblables ; de même les Nominatifs et Vocatifs pluriels.

Dans les Noms neutres, le Nominatif, l'Accusatif et le Vocatif, tant du singulier que du pluriel, sont toujours semblables ; et ces trois cas, au pluriel, sont toujours terminés en *a.*

RÈGLE DES NOMS.

Du manière de joindre deux noms ensemble.

§ 7. MANUS PUERI. — Pour joindre ensemble deux Noms en français, nous mettons *de* entre les deux ; la main *de* l'enfant. En latin, on met le second au Génitif : *Manus pueri.*

Exemples : L'heure du jour, *hora diei.*

Le fruit de l'arbre, *fructus arboris.*

De même au pluriel :

La table des seigneurs, *mensa dominorum.*
Le livre des enfants, *liber puerorum.*

DEUXIÈME ESPÈCE DE MOTS.

L'ADJECTIF.

§ **8**. L'*Adjectif* est un mot que l'on ajoute au Nom pour marquer la qualité d'une personne ou d'une chose : comme *bon* père, *bonne* mère, *beau* livre, *belle* image. *Bon, bonne, beau, belle,* sont des Adjectifs : ils se déclinent en latin, et ils ont les trois genres, masculin, féminin et neutre.

Il y a des Adjectifs qui se rapportent à la première et à la seconde déclinaison, comme *bonus, bona, bonum; niger, nigra, nigrum.* La terminaison en *us* ou en *er* est pour le masculin, et se décline sur *Dominus* ou *Puer; bona* est pour le féminin, et se décline sur *Rosa ; bonum* est pour le neutre, et se décline sur *Templum.*

MODÈLE DE DÉCLINAISON.

SINGULIER.

Nom.	Bon us, (*m.*)	bon a, (*f.*)	bon um, (*n.*)
	Bon,	*bonne,*	*bon.*
Gén.	Bon i,	bon æ,	bon i,
Dat.	Bon o,	bon æ,	bon o,
Acc.	Bon um,	bon am,	bon um,
Voc.	o Bone,	o bon a,	o bon um,
Abl.	Bon o.	bon â.	bon o.

PLURIEL.

Nom.	Bon i, (*m.*)	bon æ, (*f.*)	bon a, (*n.*)
	Bons,	*bonnes,*	*bons.*
Gén.	Bon orum,	bon arum,	bon orum,
Dat.	Bon is,	bon is,	bon is,

Acc.	Bon os,	bon as,	bon a,
Voc.	o Bon i,	o bon æ,	o bon a,
Abl.	Bon is.	bon is.	bon is.

Ainsi se déclinent :

Sanct us, sanct a, sanct um, *Saint, sainte, saint.*
Doct us, doct a, doct um, *Savant, savante, savant.*
Magn us, magn a, magn um, *Grand, grande, grand.*
Parv us, parv a, parv um, *Petit, petite, petit.*

§ 9. ADJECTIF EN *ER*.

SINGULIER.

Nom.	Niger, (*m.*) *Noir*,	nigr a, (*f.*) *noire*[1],	nigr um, (*n.*) *noir*.
Gén.	Nigr i,	nigr æ,	nigr i,
Dat.	Nigr o,	nigr æ,	nigr o,
Acc.	Nigr um,	nigr am,	nigr um,
Voc.	o Niger,	o nigr a,	o nigr um,
Abl.	Nigr o.	nigr â.	nigr o.

PLURIEL.

Nom.	Nigr i, *Noirs*,	nigr æ, *noires*,	nigr a, *noirs*.
Gén.	Nigr orum,	nigr arum,	nigr orum,
Dat.	Nigr is,	nigr is,	nigr is,
Acc.	Nigr os,	nigr as,	nigr a,
Voc.	o Nigr i,	o nigr æ,	o nigr a,
Abl.	Nigr is.	nigr is.	nigr is.

Ainsi se déclinent :

Pulcher, pulchr a, pulchr um, *Beau, belle, beau.*
Piger, pigr a, pigr um, *Paresseux, paresseuse, paresseux.*
Miser, miser a, miser um, *Malheureux, malheureuse, malheureux.*
Liber, liber a, liber um, *Libre, libre, libre.*

§ 10. Il y a des Adjectifs de la troisième Déclinaison qui n'ont au singulier qu'une seule terminaison pour les trois genres, excepté l'Accusatif.

---

[1] Remarquez bien que, dans les Adjectifs français, le féminin se forme en ajoutant *e*.

SINGULIER.

m. f. n.

Nom.	Prudens, *Prudent*, *prudente*.
Gén.	Prudent is, } pour les trois genres.
Dat.	Prudent i, }

m. f.   n.

Acc.	Prudent em, prudens.
Voc.	o Prudens, (pour les trois genres.)
Abl.	Prudent e *ou* prudent i, (pour les trois genres.)

PLURIEL.

m. f.   n.

Nom.	Prudent es, prudentia, *Prudents*.
Gén.	Prudent ium, } pour les trois genres.
Dat.	Prudent ibus, }
Acc.	Prudent es, n. prudent ia.
Voc.	o Prudent es, n. o prudent ia.
Abl.	Prudent ibus, (pour les trois genres.)

Ainsi se déclinent :

Sapiens, tis, *Sage*.   Audax, cis, *Hardi, hardie, hardi*.
Felix, cis, *Heureux, heureuse*.   Velox, cis, *Prompt, prompte*.

§ 11. Il y a des Adjectifs de la troisième Déclinaison qui ont au Nominatif deux terminaisons, comme *fortis, forte*. La première est pour le masculin et le féminin, et la seconde pour le neutre.

SINGULIER.

m. f   n.

Nom.	Fort is, fort e, *Courageux, courageuse*,
Gén.	Fort is, } pour les trois genres.
Dat.	Fort i, }
Acc.	Fort em, n. fort e.
Voc.	o Fort is, n. o fort e.
Abl.	Fort i, (pour les trois genres.)

PLURIEL.

m. f.   n.

Nom.	Fort es, fort ia, *Courageux*.
Gén.	Fort ium, } pour les trois genres.
Dat.	Fort ibus, }

	m. f.	n.
Acc.	Fort es,	fort ia.
Voc.	o Fort es,	*n.* o fort ia.
Abl.	Fort ibus,	(pour les trois genres.)

Ainsi se déclinent :

Util is, util e, *Utile.*   Facil is, facil e, *Facile.*
Com is, com e, *Poli.*   Lev is, lev e, *Léger.*

REMARQUE. Les Adjectifs de la troisième Déclinaison qui ont le Nominatif neutre en *e* font l'Ablatif en *i*, afin que l'on puisse distinguer ces deux cas.

§ **12.** Il y a quelques Adjectifs de la troisième Déclinaison qui ont trois terminaisons au Nominatif et au Vocatif singulier, comme :

SINGULIER.

	m.	f.	n.
Nom.	Celeber,	celebr is,	celebr e, *Célèbre.*
Gén.	Celebr is,	} pour les trois genres.	
Dat.	Celebr i,		
Acc.	Celebr em,	*n.* celebr e.	
Voc.	o Celeber,	o celebr is,	*n.* o celebr e.
Abl.	Celebr i,	(pour les trois genres.)	

PLURIEL.

	m. f.	n.
Nom.	Celebr es,	celebr ia, *Célèbres.*
Gén.	Celebr ium,	} pour les trois genres.
Dat.	Celebr ibus,	

	m. f.	n.
Acc.	Celebr es,	celebr ia.
Voc.	o Celebr es,	*n.* o celebr ia.
Abl.	Celebr ibus,	(pour les trois genres.)

Ainsi se déclinent :

Saluber, salubr is, salubr e, *Salutaire.*
Acer, acr is, acr e, *Vif.*
Celer, celer is, celer e, *Prompt.*
Alacer, alacr is, alacr e, *Actif.*

La terminaison en *er* est pour le masculin seulement ; la terminaison en *is* est pour le masculin et le féminin.

§ 13.   RÈGLE DES ADJECTIFS,

Ou manière de joindre un Adjectif avec un Nom.

PATER BONUS. — Tout Adjectif se met au même genre, au même nombre ēt au même cas que le Nom auquel il est joint.

Exemple.

SINGULIER.

Le Père	*bon,*	*la mère*	*bonne,*	*l'exemple*	*bon.*
Pater	bonus,	mater	bona,	exemplum	bonum.
Patris	boni,	matris	bonæ,	exempli	boni.
Patri	bono,	matri	bonæ,	exemplo	bono.
Patrem	bonum,	matrem	bonam,	exemplum	bonum.
o Pater	bone,	o mater	bona,	o exemplum	bonum.
Patre	bono,	matre	bonâ,	exemplo	bono.

PLURIEL.

Les Pères	*bons,*	*les mères*	*bonnes,*	*les exemples*	*bons.*
Patres	boni,	matres	bonæ,	exempla	bona.
Patrum	bonorum,	matrum	bonarum,	exemplorum	bonorum.
Patribus	bonis,	matribus	bonis,	exemplis	bonis.
Patres	bonos,	matres	bonas,	exempla	bona.
o Patres	boni,	o matres	bonæ,	o exempla	bona.
Patribus	bonis,	matribus	bonis,	exemplis	bonis.

Autre exemple.

SINGULIER.

Travail	*court,*	*heure*	*courte,*	*temps*	*court.*
Labor	brevis,	hora	brevis,	tempus	breve.
Laboris	brevis,	horæ	brevis,	temporis	brevis.
Labori	brevi,	horæ	brevi,	tempori	brevi.
Laborem	brevem,	horam	brevem,	tempus	breve.
o Labor	brevis,	o hora	brevis,	o tempus	breve.
Labore	brevi,	horâ	brevi,	tempore	brevi.

PLURIEL.

Travaux	*courts,*	*heures*	*courtes,*	*temps*	*courts.*
Labores	breves,	horæ	breves,	tempora	brevia.
Laborum	brevium,	horarum	brevium,	temporum	brevium.
Laboribus	brevibus,	horis	brevibus,	temporibus	brevibus.
Labores	breves,	horas	breves,	tempora	brevia.
o Labores	breves,	o horæ	breves,	o tempora	brevia.
Laboribus	brevibus,	horis	brevibus,	temporibus	brevibus.

TROISIÈME ESPÈCE DE MOTS.

LE PRONOM.

§ 14. Le *Pronom* est un mot qui tient la place du Nom.

PRONOMS PERSONNELS.

Il y a trois personnes : la première personne est celle qui parle, la seconde est celle à qui l'on parle, la troisième est celle de qui l'on parle.

Pronom de la première personne.

SINGULIER.

Nom.	Ego, *je* ou *moi.*
Gén.	Meî, *de moi.*
Dat.	Mihi, *à moi.*
Acc.	Me, *moi.*
(Il n'a pas de Vocatif)	
Abl.	Me, *de moi.*

PLURIEL.

Nom.	Nos, *nous.*
Gén.	Nostrûm *ou* nostrî, *de nous.*
Dat.	Nobis, *à nous.*
Acc.	Nos, *nous.*
Abl.	Nobis, *de nous.*

Pronom de la seconde personne.

SINGULIER.

Nom.	Tu, *tu* ou *toi.*
Gén.	Tuî, *de toi.*
Dat.	Tibi, *à toi.*
Acc.	Te, *toi.*
Voc.	o Tu, *ô toi.*
Abl.	Te, *de toi.*

PLURIEL.

Nom.	Vos, *vous.*
Gén.	Vestrûm *ou* vestrî, *de vous.*

Dat.	Vobis, *à vous.*
Acc.	Vos, *vous.*
Voc.	o Vos, *ô vous.*
Abl.	Vobis, *de vous.*

Pronom de la troisième personne.

Il n'a pas de Nominatif ni de Vocatif; il est de tout genre, et le même au pluriel qu'au singulier.

SINGULIER ET PLURIEL.

Gén.	Suî, *de soi, de lui-même, d'eux-mêmes* ou *d'elles-mêmes.*
Dat.	Sibi, *à soi, à lui-même, à eux-mêmes, à elles-mêmes.*
Acc.	Se, *se, soi, lui-même, eux-mêmes, elles-mêmes.*
Abl.	Se, *de soi, d'eux-mêmes, d'elles-mêmes.*

§ 15.   PRONOMS ADJECTIFS.

SINGULIER.

m. f. n.

Nom.	Is, ea, id, *il, elle, ce.*
Gén.	Ejus, *de lui, d'elle.*
Dat.	Ei, *à lui, à elle.*
Acc.	Eum, eam, id, *le, la, le.*
Abl.	Eo, eâ, eo, *de lui, d'elle.*

PLURIEL.

Nom.	Ii, eæ, ea, *ils, elles.*
Gén.	Eorum, earum, eorum, *d'eux, d'elles.*
Dat.	Iis *ou* eis, *à eux, à elles.*
Acc.	Eos, eas, ea, *les, eux, elles.*
Abl.	Iis *ou* eis, *d'eux, d'elles.*

AUTRE.

SINGULIER.

m. f. n.

Nom.	Hic, hæc, hoc, *celui-ci, celle-ci, ceci.*
Gén.	Hujus
Dat.	Huic

de tout genre.

2

Acc.   Hunc, hanc, hoc.
Abl.   Hoc, hac, hoc.

PLURIEL.

Nom.   Hi, hæ, hæc, *ceux-ci, celles-ci, ces choses,*
Gén.   Horum, harum, horum.
Dat.   His (de tout genre).
Acc.   Hos, has, hæc.
Abl.   His (de tout genre).

AUTRE.

SINGULIER.

    m.   *f.*   *n.*

Nom.   Ille, illa, illud, *celui-là, celle-là, cela.*
Gén.   Illius   }
Dat.   Illi   } de tout genre.
Acc.   Illum, illam, illud.
Abl.   Illo, illâ, illo.

PLURIEL.

Nom.   Illi, illæ, illa, *ceux-là, celles-là, ces choses.*
Gén.   Illorum, illarum, illorum.
Dat.   Illis (de tout genre).
Acc.   Illos, illas, illa.
Abl.   Illis (de tout genre).

Ainsi se décline :

Ist e, a, ud.

AUTRE.

SINGULIER.

    m.   *f.*   *n.*

Nom.   Ipse, ipsa, ipsum, *moi, toi ou lui-même, elle-même, cela même.*
Gén.   Ipsius   }
Dat.   Ipsi   } de tout genre.
Acc.   Ipsum, ipsam, ipsum.
Abl.   Ipso, ipsâ, ipso.

PLURIEL.

Nom.   Ipsi, ipsæ, ipsa.
Gén.   Ipsorum, ipsarum, ipsorum.

Dat. Ipsis (de tout genre).
Acc. Ipsos, ipsas, ipsa.
Abl. Ipsis (de tout genre).

AUTRE.

SINGULIER.

m. *f.* *n.*

Nom. Idem, eadem, idem, *le même, la même, le même.*

Gén. Ejusdem }
Dat. Eidem } de tout genre.

Acc Eumdem, eamdem, idem.
Abl. Eodem, eâdem, eodem.

PLURIEL.

Nom. Iidem, eædem, eadem, *les mêmes.*
Gén. Eorumdem, earumdem, eorumdem.
Dat. Iisdem *ou* eisdem (de tout genre).
Acc. Eosdem, easdem, eadem.
Abl. Iisdem *ou* eisdem (de tout genre).

§ 16. PRONOMS POSSESSIFS.

SINGULIER.

m. *f.* *n.*

Nom. Meus, mea, meum, *mon, ma, mon; le mien, la mienne, le mien.*
Gén. Mei, meæ, mei.
Dat. Meo, meæ, meo.
Acc. Meum, meam, meum.
Voc. o Mi, o mea, o meum.
Abl. Meo, meâ, meo.

PLURIEL.

Nom. Mei, meæ, mea, *mes; les miens, les miennes, les miens.*
Gén. Meorum, mearum, meorum.
Dat. Meis (de tout genre).
Acc. Meos, meas, mea.
Voc. o Mei, o meæ, o mea.
Abl. Meis (de tout genre).

Ainsi se déclinent :

Tu us, a, um, *ton, ta, ton; le tien, la tienne, le tien.*
Su us, a, um, *son, sa, son; le sien, la sienne, le sien.*
Et Cuj us, a, um, *à qui?* Mais ils n'ont point de Vocatif.

SINGULIER.

	m.	*f.*	*n.*
Nom.	Noster, nostra, nostrum, *notre; le nôtre, la nôtre, le nôtre.*		
Gén.	Nostri, nostræ, nostri.		
Dat.	Nostro, nostræ, nostro.		
Acc.	Nostrum, nostram, nostrum.		
Voc.	o Noster, o nostra, o nostrum.		
Abl.	Nostro, nostrâ, nostro.		

PLURIEL.

Nom.	Nostri, nostræ, nostra, *nos; les nôtres.*		
Gén.	Nostrorum, nostrarum, nostrorum.		
Dat.	Nostris (de tout genre).		
Acc.	Nostros, nostras, nostra.		
Voc.	o Nostri, o nostræ, o nostra.		
Abl.	Nostris (de tout genre).		

Déclinez de même :

Ves ter, tra, trum, *votre; le vôtre,* etc.

RÈGLE. Les Pronoms Adjectifs, quand ils sont joints à un Nom, s'accordent avec ce Nom en genre, en nombre et en cas.

Exemple : Mon père, *pater meus*; ma mère, *mater mea*; mon bras, *brachium meum.*

17.   PRONOM RELATIF.

SINGULIER.

	m.	*f.*	*n.*
Nom.	Qui, quæ, quod, *qui,* ou *lequel, laquelle, lequel.*		
Gén.	Cujus	de tout genre.	
Dat.	Cui		
Acc.	Quem, quam, quod.		
Abl.	Quo, quâ, quo.		

PLURIEL.

Nom.	Qui, quæ, quæ, *qui, lesquelles, lesquels.*
Gén.	Quorum, quarum, quorum.
Dat.	Quibus *et* queis (de tout genre).
Acc.	Quos, quas, quæ.
Abl.	Quibus *et* queis (de tout genre).

§ 18. RÈGLE DU QUI RELATIF,

Ou manière de joindre le Qui *relatif avéc le* Nom
ou Pronom qui est devant, et que l'on appelle
Antécédent.

On fait accorder en latin *qui, quæ, quod,* en genre
et en nombre, avec son antécédent.

Le père qui, *pater qui;* la mère qui, *mater quæ;*
le temple qui, *templum quod*[1].

Composés de Qui.

Dans les composés de *qui,* on décline seulement
qui; les autres syllabes restent les mêmes.

	m.	*f.*	*n.*
Nom.	Quicunque, quæcunque, quodcunque, *qui-conque.*		
Gén.	Cujuscunque, *Dat.* Cuicunque (de tout genre).		

AUTRE.

	m.	*f.*	*n.*
Nom.	Quidam, quædam, quoddam *et* quiddam, *un certain.*		
Gén.	Cujusdam, *Dat.* Cuidam (de tout genre). *Acc.* Quemdam, etc.		

AUTRE.

	m.	*f.*	*n.*
Nom.	Quilibet, quælibet, quodlibet *et* quidlibet, *qui l'on voudra.*		

---

[1] Les Pronoms *hic, is, ille, ipse, iste,* s'accordent aussi en genre et
en nombre avec le Nom dont ils tiennent la place; ainsi, en parlant de
la tête, nous disons *elle,* parce que *tête* est du féminin; en latin, il faut
mettre *illud,* parce que *caput* est du neutre.

Gén.   Cujuslibet, *Dat.* Cuilibet. *De même* Quivis, quæ-
            vis, quodvis. *Gén.* Cujusvis. *Dat.* Cuivis.

§ 19   *Qui interrogatif,* Quis?

SINGULIER.

m.   *f.*   *n.*

Nom.   Quis, quæ, quid (et quod, avec un Nom), *qui,*
            quel, quelle, quoi.

Gén.   Cujus }
Dat.   Cui   } de tout genre.

Acc.   Quem, quam, quid (et quod avec un Nom).

Abl.   Quo, quâ, quo.

PLURIEL.

m.   *f.*   *n.*

Nom.   Qui, quæ, quæ, *qui, quels, quelles.*
Gén.   Quorum, quarum, quorum.
Dat.   Quibus (de tout genre).
Acc.   Quos, quas, quæ.
Abl.   Quibus (de tout genre).

Composés de Quis.

On décline seulement *quis ;* les autres syllabes restent les mêmes.

m.   *f.*   *n.*

Nom.   Quisnam, quænam, quodnam *et* quidnam, *quel,*
            quelle, quelle chose.

Gén.   Cujusnam, *Dat.* Cuinam (de tout genre).

m.   *f.*   *n.*

Nom.   Quispiam, quæpiam, quodpiam *et* quidpiam,
            quelqu'un, quelqu'une, quelque chose.

Gén.   Cujuspiam, *Dat.* Cuipiam.

De même ·

m.   *f.*   *n.*

Nom.   Quisquam, quæquam, quodquam *et* quidquam.
Gén.   Cujusquam, *Dat.* Cuiquam (de tout genre).

m.   *f.*   *n.*

Nom.   Quisque, quæque, quodque *et* quidque, *cha-*
            cun, chacune.

Gén.   Cujusque, *Dat.* Cuique (de tout genre).
Nom.   Quisquis, *masc.*; quidquid, *neut.*
          qui que ce soit, tout ce qui ou *tout ce que.*

Il n'a que les cas suivants :

Dat. sing. Cuicui. *Abl.* Quoquo. *Acc. plur.* Quosquos.

Dans les deux composés suivants, *quis* **est à la fin
du mot, et les cas neutres au pluriel sont en** *a.*

Nom.   Aliquis, aliqua, aliquod *et* aliquid,
          quelque, quelqu'un, quelque chose.
Gén.   Alicujus, *Dat.* Alicui.
          *Devant un Nom de choses qui se comptent, on
          dit au pluriel* Aliquot (indéclinable).
Nom.   Ecquis, ecqua, ecquod *et* ecquid,
          quel, quelle, quoi.
Gén.   Eccujus, *Dat.* Eccui.

Dans Unusquisque, *chacun, on décline* **Unus et
quisque.**

Nom.   Unusquisque, unaquæque, unumquodque.
Gén.   Uniuscujusque. *Dat.* Unicuique. *Acc.* Unum-
          quemque, unamquamque, unumquodque.
          Abl. Unoquoque, unâquâque, unoquoque.

QUATRIÈME ESPÈCE DE MOTS.

LE VERBE.

§ 20. Le mot dont on se sert pour exprimer que
l'on est, ou que l'on fait quelque chose, s'appelle *Verbe;*
ainsi le mot *être, je suis,* etc., est un Verbe ; le mot
lire, je lis, etc., est un Verbe.

On connaît un Verbe en français, quand on peut y
ajouter ces Pronoms, *je, tu, il* ou *elle; nous, vous,
ils* ou *elles :* comme *je lis, tu lis, il* lit ; *nous* lisons,
vous lisez, *ils* lisent.

Ces mots *je, nous,* marquent la première personne,
c'est-à-dire celle qui parle.

Ces mots *tu*, *vous*, marquent la seconde personne, c'est à-dire celle à qui l'on parle.

Ces mots, *il*, *elle*, *ils*, *elles*, et tout Nom mis devant un Verbe marquent la troisième personne, c'est-à-dire celle de qui l'on parle.

Il y a dans les Verbes deux nombres : le singulier, quand on parle d'une seule personne, comme *l'enfant dort*; et le pluriel, quand on parle de plusieurs personnes, comme *les enfants dorment*.

Il y a trois temps : le présent, qui marque que la chose se fait actuellement, comme *je lis*; le passé ou prétérit, qui marque que la chose a été faite, comme *j'ai lu*; le futur, qui marque que la chose se fera, comme *je lirai*.

On distingue trois sortes de prétérits ou passés, savoir : l'imparfait, *je lisais*; le parfait, *j'ai lu*; et le plus-que-parfait, *j'avais lu*.

Il y a aussi deux futurs : le futur simple, *je lirai*; et le futur passé, *j'aurai lu*.

Il y a quatre modes dans les Verbes: 1° l'indicatif, quand on affirme que la chose se fait, ou qu'elle s'est faite, ou qu'elle se fera; 2° l'impératif, quand on commande de la faire; 3° le subjonctif, quand on souhaite ou qu'on doute qu'elle se fasse; 4° l'infinitif, qui exprime l'action en général, sans nombres ni personnes, comme *lire*. Ce dernier mot contient le Participe, le supin et le gérondif, qui sont des Noms formés du Verbe.

Réciter de suite les différents modes d'un Verbe avec tous leurs temps, leurs nombres et leurs personnes, cela s'appelle *conjuguer*.

Il y a en latin quatre conjugaisons : la première fait à l'infinitif *are*, et à la seconde personne du présent de l'indicatif *as*.

La seconde conjugaison fait à l'infinitif *ere*, et à la seconde personne du présent de l'indicatif *es*.

La troisième conjugaison fait à l'infinitif *ere*, et à la seconde personne du présent de l'indicatif *is*.

La quatrième conjugaison fait à l'infinitif *ire*, et à la seconde personne du présent de l'indicatif *is*.

Il faut commencer par le Verbe *Sum*, je suis, que l'on appelle *Verbe substantif*.

INDICATIF.

PRÉSENT.

Sing.	Sum,	*je suis.*
	Es,	*tu es.*
	Est,	*il est.*
Plur.	Sumus,	*nous sommes.*
	Estis,	*vous êtes.*
	Sunt,	*ils sont.*

IMPARFAIT.

Sing.	Er am,	*j'étais.*
	Er as,	*tu étais.*
	Er at,	*il était.*
Plur.	Er amus,	*nous étions.*
	Er atis,	*vous étiez.*
	Er ant,	*ils étaient.*

PARFAIT.

Sing.	Fu i,	*j'ai été.*
	Fu isti,	*tu as été.*
	Fu it,	*il a été.*
Plur.	Fu imus,	*nous avons été.*
	Fu istis,	*vous avez été.*
	Fu erunt *ou* fu ère,	*ils ont été.*

Autrement pour le français : *Je fus, tu fus, il fut ; nous fûmes, vous fûtes, ils furent.*

Ou : *J'eus été, tu eus été, il eut été ; nous eûmes été, vous eûtes été, ils eurent été.*

PLUS-QUE-PARFAIT.

Sing.	Fu eram,	*j'avais été.*
	Fu eras,	*tu avais été.*
	Fu erat,	*il avait été.*

2.

Plur. Fu eramus, *nous avions été.*
   Fu eratis, *vous aviez été.*
   Fu erant,   *ils avaient été.*

FUTUR.

Sing. Ero,   *je serai.*
   Eris,   *tu seras.*
   Erit,   *il sera.*
Plur. Erimus, *nous serons.*
   Eritis,   *vous serez.*
   Erunt,   *ils seront.*

FUTUR PASSÉ.

Sing. Fu ero,   *j'aurai été.*
   Fu eris,   *tu auras été.*
   Fu erit,   *il aura été.*
Plur. Fu erimus, *nous aurons été.*
   Fu eritis, *vous aurez été.*
   Fu erint,   *ils auront été.*

IMPÉRATIF.

Il n'a point de première personne.

Sing. Es ou esto, *sois.*
   Esto (ille), *qu'il soit.*
Plur. Simus,   *soyons.*
   Este ou estote, *soyez.*
   Sunto,   *qu'ils soient.*

SUBJONCTIF.

PRÉSENT.

Sing. Sim,   *que je sois.*
   Sis,   *que tu sois.*
   Sit,   *qu'il soit.*
Plur. Simus,   *que nous soyons.*
   Sitis,   *que vous soyez.*
   Sint,   *qu'ils soient.*

IMPARFAIT.

Sing. Essem ou forem, *que je fusse.*

Esses *ou* fores,	*que tu fusses.*
Esset *ou* foret,	*qu'il fût.*
Plur. Essemus,	*que nous fussions.*
Essetis,	*que vous fussiez.*
Essent *ou* forent,	*qu'ils fussent.*

Autrement pour le français : *Je serais, tu serais, il serait; nous serions, vous seriez, ils seraient.*

PARFAIT.

Sing. Fu erim,	*que j'aie été.*
Fu eris,	*que tu aies été.*
Fu erit,	*qu'il ait été.*
Plur. Fu erimus,	*que nous ayons été.*
Fu eritis,	*que vous ayez été.*
Fu erint,	*qu'ils aient été.*

PLUS-QUE-PARFAIT.

Sing. Fu issem,	*que j'eusse été.*
Fu isses,	*que tu eusses été.*
Fu isset,	*qu'il eût été.*
Plur. Fu issemus,	*que nous eussions été.*
Fu issetis,	*que vous eussiez été.*
Fu issent,	*qu'ils eussent été.*

Autrement pour le français : *J'aurais été, tu aurais été, il aurait été; nous aurions été, vous auriez été, ils auraient été.*

INFINITIF.

PRÉSENT ET IMPARFAIT.

Esse, *être, qu'il est* ou *qu'il était.*

PARFAIT ET PLUS-QUE-PARFAIT.

Fu isse, *avoir été, qu'il a* ou *qu'il avait été.*

FUTUR.

Fore (indécl.) *ou* futurum, futuram esse (décl.), *devoir être, qu'il sera* ou *qu'il serait.*

FUTUR PASSÉ. (*Il se décline.*)

Futurum, futuram fuisse, *avoir dû être, qu'il aurait été* ou *qu'il eût été.*

PARTICIPE FUTUR.

Futurus, futura, futurum, *devant être, qui sera* ou *qui doit étre.*

Ainsi se conjuguent les Verbes composés de *Sum*, comme *adesse*, être présent; *abesse*, être absent; *deesse*, manquer; *intercsse*, assister à; *obesse*, nuire; *præesse*, présider à; *subesse*, être dessous, etc.

§ 21. RÈGLE GÉNÉRALE POUR TOUS LES VERBES.

Ego *sum.*

Tout Verbe s'accorde en nombre et en personne avec son Nominatif.

Exemples: Je suis, *ego sum.* — *Ego* est du singulier; *sum* est aussi du singulier. *Ego* est de la première personne; *sum* est aussi de la première personne.

Vous êtes, *tu es;* il est, *ille est;* nous sommes, *nos sumus;* vous êtes, *vos estis;* ils sont, *illi sunt.*

Cette règle regarde également tous les autres Verbes que nous allons conjuguer.

VERBES ACTIFS.

§ 22. On appelle *Verbes actifs* ceux qui sont terminés en *o* et qui ont un Passif, comme *Verbero*, je frappe, qui a le Passif *Verberor*, je suis frappé.

PREMIÈRE CONJUGAISON.

ARE, AS.

INDICATIF.

PRÉSENT.

Sing.	Am o,	*j'aime.*
	Am as,	*tu aimes.*
	Am at,	*il aime.*

Plur. Am amus,   *nous aimons.*
Am atis,   *vous aimez.*
Am ant,   *ils aiment.*

IMPARFAIT.

Sing. Am abam,   *j'aimais.*
Am abas,   *tu aimais.*
Am abat,   *il aimait.*
Plur. Am abamus,   *nous aimions.*
Am abatis,   *vous aimiez.*
Am abant,   *ils aimaient.*

PARFAIT.

Sing. Am avi,   *j'ai aimé.*
Am avisti,   *tu as aimé.*
Am avit,   *il a aimé.*
Plur. Am avimus,   *nous avons aimé.*
Am avistis,   *vous avez aimé.*
Am averunt *ou* am avêre, *ils ont aimé.*

Autrement pour le français : *J'aimai, tu aimas, il aima ; nous aimâmes, vous aimâtes, ils aimèrent.*

Ou : *J'eus aimé, tu eus aimé, il eut aimé ; nous eûmes aimé, vous eûtes aimé, ils eurent aimé.*

PLUS-QUE-PARFAIT.

Sing. Am averam,   *j'avais aimé.*
Am averas,   *tu avais aimé.*
Am averat,   *il avait aimé.*
Plur. Am averamus,   *nous avions aimé.*
Am averatis,   *vous aviez aimé.*
Am averant,   *ils avaient aimé.*

FUTUR.

Sing. Am abo,   *j'aimerai.*
Am abis,   *tu aimeras.*
Am abit,   *il aimera.*
Plur. Am abimus,   *nous aimerons.*
Am abitis,   *vous aimerez.*
Am abunt   *ils aimeront*

FUTUR PASSÉ.

Sing.	Am avero,	j'aurai aimé.
	Am averis,	tu auras aimé.
	Am averit,	il aura aimé.
Plur.	Am averimus,	nous aurons aimé.
	Am averitis,	vous aurez aimé.
	Am averint,	ils auront aimé.

IMPÉRATIF.

Point de première personne au singulier.

Sing.	Am a ou am ato,	aime.
	Am ato (ille),	qu'il aime.
Plur.	Am emus,	aimons.
	Am ate ou am atote,	aimez.
	Am anto,	qu'ils aiment.

SUBJONCTIF.

PRÉSENT.

Sing.	Am em,	que j'aime.
	Am es,	que tu aimes.
	Am et,	qu'il aime.
Plur.	Am emus,	que nous aimions.
	Am etis,	que vous aimiez.
	Am ent,	qu'ils aiment.

IMPARFAIT.

Sing.	Am arem,	que j'aimasse.
	Am ares,	que tu aimasses.
	Am aret,	qu'il aimât.
Plur.	Am aremus,	que nous aimassions.
	Am aretis,	que vous aimassiez.
	Am arent,	qu'ils aimassent.

Autrement pour le français : *J'aimerais, tu aimerais, il aimerait; nous aimerions, vous aimeriez, ils aimeraient.*

PARFAIT.

Sing.	Am averim,	que j'aie aimé.
	Am averis,	que tu aies aimé.
	Am averit,	qu'il ait aimé.

Plur. Am averimus,   *que nous ayons aimé.*
    Am averitis,   *que vous ayez aimé.*
    Am averint,   *qu'ils aient aimé.*

PLUS-QUE-PARFAIT.

Sing. Am avissem,   *que j'eusse aimé.*
    Am avisses,   *que tu eusses aimé.*
    Am avisset,   *qu'il eût aimé.*
Plur. Am avissemus,   *que nous eussions aimé.*
    Am avissetis,   *que vous eussiez aimé.*
    Am avissent,   *qu'ils eussent aimé.*

Autrement pour le français : *J'aurais aimé, tu aurais aimé, il aurait aimé; nous aurions aimé, vous auriez aimé, ils auraient aimé.*

INFINITIF.

PRÉSENT ET IMPARFAIT.

Am are, *aimer, qu'il aime* ou *qu'il aimait.*

PARFAIT ET PLUS-QUE-PARFAIT.

Am avisse, *avoir aimé, qu'il a* ou *qu'il avait aimé.*

FUTUR. (*Il se décline.*)

Am aturum, am aturam esse, *devoir aimer, qu'il aimera* ou *qu'il aimerait.*

FUTUR PASSÉ. (*Il se décline.*)

Am aturum, am aturam fuisse, *avoir dû aimer, qu'il aurait* ou *qu'il eût aimé.*

PARTICIPE PRÉSENT.

Am ans, am antis, *aimant, qui aime* ou *qui aimait.*

PARTICIPE FUTUR.

Am aturus, am atura, am aturum, *devant aimer, qui aimera* ou *qui doit aimer.*

SUPIN.

Am atum,   *à aimer.*

GÉRONDIFS.

Am andi,   *d'aimer.*
Am ando,   *en aimant.*
Am andum,   *à aimer* ou *pour aimer.*

REMARQUE. Les Participes se déclinent, savoir : les Participes en *ans et ens*, comme *Prudens*; et les Participes en *us*, comme *Bon us, a, um*.

Ainsi se conjuguent *laudare*, louer; *vituperare*, blâmer; *verberare*, frapper; *vocare*, appeler, etc.

§ 23.   SECONDE CONJUGAISON.

ERE, ES.

INDICATIF.

PRÉSENT.

Sing.	Mon eo,	*j'avertis.*
	Mon es,	*tu avertis.*
	Mon et,	*il avertit.*
Plur.	Mon emus,	*nous avertissons.*
	Mon etis,	*vous avertissez,*
	Mon ent,	*ils avertissent.*

IMPARFAIT.

Sing.	Mon ebam,	*j'avertissais.*
	Mon ebas,	*tu avertissais.*
	Mon ebat,	*il avertissait.*
Plur.	Mon ebamus,	*nous avertissions.*
	Mon ebatis,	*vous avertissiez.*
	Mon ebant,	*ils avertissaient.*

PARFAIT.

Sing.	Mon ui,	*j'ai averti.*
	Mon uisti,	*tu as averti.*
	Mon uit,	*il a averti.*
Plur.	Mon uimus,	*nous avons averti.*
	Mon uistis,	*vous avez averti.*
	Mon uerunt *ou* mon uêre,	*ils ont averti.*

Autrement pour le français : *J'avertis, tu avertis, il avertit; nous avertîmes, vous avertîtes, ils avertirent.*

Ou : *J'eus averti, tu eus averti, il eut averti; nous eûmes averti, vous eûtes averti, ils eurent averti.*

PLUS-QUE-PARFAIT.

Sing.	Mon ueram,	*j'avais averti.*

Mon ueras,	*tu avais averti.*
Mon uerat,	*il avait averti.*
Plur. Mon ueramus,	*nous avions averti.*
Mon ueratis,	*vous aviez averti.*
Mon uerant,	*ils avaient averti.*

FUTUR.

Sing. Mon ebo,	*j'avertirai.*
Mon ebis,	*tu avertiras.*
Mon ebit,	*il avertira.*
Plur. Mon ebimus,	*nous avertirons.*
Mon ebitis,	*vous avertirez.*
Mon ebunt,	*ils avertiront.*

FUTUR PASSÉ.

Sing. Mon uero,	*j'aurai averti.*
Mon ueris,	*tu auras averti.*
Mon uerit,	*il aura averti.*
Plur. Mon uerimus,	*nous aurons averti.*
Mon ueritis,	*vous aurez averti.*
Mon uerint,	*ils auront averti.*

IMPÉRATIF.

Point de première personne au singulier.

Sing. Mon e *ou* mon eto,	*avertis.*
Mon eto (ille),	*qu'il avertisse.*
Plur. Mon eamus,	*avertissons.*
Mon ete *ou* mon etote,	*avertissez.*
Mon ento,	*qu'ils avertissent.*

SUBJONCTIF.

PRÉSENT.

Sing. Mon eam,	*que j'avertisse.*
Mon eas,	*que tu avertisses.*
Mon eat,	*qu'il avertisse.*
Plur. Mon eamus,	*que nous avertissions.*
Mon eatis,	*que vous avertissiez.*
Mon eant,	*qu'ils avertissent.*

IMPARFAIT.

Sing.	Mon erem,	*que j'avertisse.*
	Mon eres,	*que tu avertisses.*
	Mon eret,	*qu'il avertît.*
Plur.	Mon eremus,	*que nous avertissions.*
	Mon eretis,	*que vous avertissiez.*
	Mon erent,	*qu'ils avertissent.*

Autrement pour le français : *J'avertirais, tu avertirais, il avertirait; nous avertirions, vous avertiriez, ils avertiraient.*

PARFAIT.

Sing.	Mon uerim,	*que j'aie averti.*
	Mon ueris,	*que tu aies averti.*
	Mon uerit,	*qu'il ait averti.*
Plur.	Mon uerimus,	*que nous ayons averti.*
	Mon ueritis,	*que vous ayez averti.*
	Mon uerint,	*qu'ils aient averti.*

PLUS-QUE-PARFAIT.

Sing.	Mon uissem,	*que j'eusse averti.*
	Mon uisses,	*que tu eusses averti.*
	Mon uisset,	*qu'il eût averti.*
Plur.	Mon uissemus,	*que nous eussions averti.*
	Mon uissetis,	*que vous eussiez averti.*
	Mon uissent,	*qu'ils eussent averti.*

Autrement pour le français : *J'aurais averti, tu aurais averti, il aurait averti; nous aurions averti, vous auriez averti, ils auraient averti.*

INFINITIF.

PRÉSENT ET IMPARFAIT.

Mon ere, *avertir, qu'il avertit* ou *qu'il avertissait.*

PARFAIT ET PLUS-QUE-PARFAIT.

Mon uisse, *avoir averti, qu'il a* ou *qu'il avait averti.*

FUTUR. (*Il se décline.*)

Mon iturum, mon ituram esse, *devoir avertir, qu'il avertira* ou *qu'il avertirait.*

FUTUR PASSÉ. (*Il se décline.*)

Mon iturum, mon ituram fuisse, *avoir dû avertir, qu'il
aurait* ou *qu'il eût averti.*

PARTICIPE PRÉSENT.

Mon ens, mon entis, *avertissant, qui avertit* ou *qui
avertissait.*

PARTICIPE FUTUR.

Mon iturus, mon itura, mon iturum, *devant avertir,
qui doit* ou *qui devait avertir.*

SUPIN.

Mon itum,   *à avertir.*

GÉRONDIFS.

Mon endi,   *d'avertir.*
Mon endo,   *en avertissant.*
Mon endum,   *à avertir* ou *pour avertir.*

Ainsi se conjuguent *docere*, instruire ; *terrere*, épouvanter ;
tenere, tenir ; *implere*, emplir ; ce dernier fait au parfait *implevi*.

---

§ 24. TROISIÈME CONJUGAISON.

ERE, IS.

INDICATIF.

PRÉSENT.

Sing.	Leg o,	*je lis.*
	Leg is,	*tu lis.*
	Leg it,	*il lit.*
Plur.	Leg imus,	*nous lisons.*
	Leg itis,	*vous lisez.*
	Leg unt,	*ils lisent.*

IMPARFAIT.

Sing.	Leg ebam,	*je lisais.*
	Leg ebas,	*tu lisais.*
	Leg ebat,	*il lisait.*
Plur.	Leg ebamus,	*nous lisions.*
	Leg ebatis,	*vous lisiez.*
	Leg ebant,	*ils lisaient.*

PARFAIT.

Sing.	Leg i,	*j'ai lu.*
	Leg isti,	*tu as lu.*
	Leg it,	*il a lu.*
Plur.	Leg imus,	*nous avons lu.*
	Leg istis,	*vous avez lu.*
	Leg erunt *ou* leg ére,	*ils ont lu.*

Autrement pour le français : *Je lus, tu lus, il lut; nous lûmes, vous lûtes, ils lurent.*

Ou : *J'eus lu, tu eus lu, il eut lu; nous eûmes lu, vous eûtes lu, ils eurent lu.*

PLUS-QUE-PARFAIT.

Sing.	Leg eram,	*j'avais lu.*
	Leg eras,	*tu avais lu.*
	Leg erat,	*il avait lu.*
Plur.	Leg eramus,	*nous avions lu.*
	Leg eratis,	*vous aviez lu.*
	Leg erant,	*ils avaient lu.*

FUTUR.

Sing.	Leg am,	*je lirai.*
	Leg es,	*tu liras.*
	Leg et,	*il lira.*
Plur.	Leg emus,	*nous lirons.*
	Leg etis,	*vous lirez.*
	Leg ent,	*ils liront.*

FUTUR PASSÉ.

Sing.	Leg ero,	*j'aurai lu.*
	Leg eris,	*tu auras lu.*
	Leg erit,	*il aura lu.*
Plur.	Leg erimus,	*nous aurons lu.*
	Leg eritis,	*vous aurez lu.*
	Leg erint,	*ils auront lu.*

IMPÉRATIF.

Point de première personne au singulier.

Sing.	Leg e *ou* leg ito,	*lis.*
	Leg ito (ille),	*qu'il lise.*
Plur.	Leg amus,	*lisons.*

Leg ite *ou* leg itote,   *lisez.*
Leg unto,   *qu'ils lisent.*

SUBJONCTIF.

PRÉSENT.

Sing. Leg am,   *que je lise.*
     Leg as,   *que tu lises.*
     Leg at,   *qu'il lise.*
Plur. Leg amus,   *que nous lisions.*
     Leg atis,   *que vous lisiez.*
     Leg ant,   *qu'ils lisent.*

IMPARFAIT.

Sing. Leg erem,   *que je lusse.*
     Leg eres,   *que tu lusses.*
     Leg eret,   *qu'il lût.*
Plur. Leg eremus,   *que nous lussions.*
     Leg eretis,   *que vous lussiez.*
     Leg erent,   *qu'ils lussent.*

Autrement pour le français : *Je lirais, tu lirais, il lirait; nous lirions, vous liriez, ils liraient.*

PARFAIT.

Sing. Leg erim,   *que j'aie lu.*
     Leg eris,   *que tu aies lu.*
     Leg erit,   *qu'il ait lu.*
Plur. Leg erimus,   *que nous ayons lu.*
     Leg eritis,   *que vous ayez lu.*
     Leg erint,   *qu'ils aient lu.*

PLUS-QUE-PARFAIT.

Sing. Leg issem,   *que j'eusse lu.*
     Leg isses,   *que tu eusses lu.*
     Leg isset,   *qu'il eût lu.*
Plur. Leg issemus,   *que nous eussions lu.*
     Leg issetis,   *que vous eussiez lu.*
     Leg issent,   *qu'ils eussent lu.*

Autrement pour le français : *J'aurais lu, tu aurais lu, il aurait lu; nous aurions lu, vous auriez lu, ils auraient lu.*

INFINITIF.

PRÉSENT ET IMPARFAIT.

Leg ere, *lire, qu'il lit* ou *qu'il lisait.*

PARFAIT ET PLUS-QUE-PARFAIT.

Leg isse, *avoir lu, qu'il a* ou *qu'il avait lu.*

FUTUR. (*Il se décline.*)

Lec turum, lec turam esse, *devoir lire, qu'il lira* ou *qu'il lirait.*

FUTUR PASSÉ. (*Il se décline.*)

Lec turum, lec turam fuisse, *avoir dû lire, qu'il aurait* ou *qu'il eût lu.*

PARTICIPE PRÉSENT.

Leg ens, leg entis, *lisant, qui lit* ou *qui lisait.*

PARTICIPE FUTUR.

Lec turus, lec tura, lec turum, *devant lire, qui doit* ou *devait lire.*

SUPIN.

Lec tum,   *à lire.*

GÉRONDIFS.

Leg endi,   *de lire.*
Leg endo,   *en lisant.*
Leg endum,   *à lire* ou *pour lire.*

Ainsi se conjuguent *vincere,* vaincre; *occidere,* tuer; *scribere,* écrire; *cognoscere,* connaître, etc.

---

§ 25. *Second Verbe de la troisième conjugaison, terminé en* io.

INDICATIF.

PRÉSENT.

Sing. Accip io,   *je reçois.*
Accip is,   *tu reçois.*
Accip it.   *il reçoit.*

Plur.	Accip imus,	*nous recevons.*
	Accip itis,	*vous recevez.*
	Accip iunt,	*ils reçoivent.*

IMPARFAIT.

Sing.	Accip iebam,	*je recevais.*
	Accip iebas,	*tu recevais.*
	Accip iebat,	*il recevait.*
Plur.	Accip iebamus,	*nous recevions.*
	Accip iebatis,	*vous receviez.*
	Accip iebant,	*ils recevaient.*

PARFAIT.

Accep i, *j'ai reçu...* (*le reste, comme* leg i.),

PLUS-QUE-PARFAIT.

Accep eram, *j'avais reçu...* (*comme* leg eram.)

FUTUR.

Sing.	Accip iam,	*je recevrai.*
	Accip ies,	*tu recevras.*
	Accip iet,	*il recevra.*
Plur.	Accip iemus,	*nous recevrons.*
	Accip ietis,	*vous recevrez.*
	Accip ient,	*ils recevront.*

FUTUR PASSÉ.

Accep ero, *j'aurai reçu...* (*comme* leg ero.)

IMPÉRATIF.

Point de première personne au singulier.

Sing.	Accip e *ou* accip ito,	*reçois.*
	Accip ito (ille),	*qu'il reçoive.*
Plur.	Accip iamus,	*recevons.*
	Accip ite *ou* accip itote,	*recevez.*
	Accip iunto,	*qu'ils reçoivent.*

SUBJONCTIF.

PRÉSENT.

Sing.	Accip iam,	*que je reçoive.*
	Accip ias,	*que tu reçoives.*
	Accip iat,	*qu'il reçoive.*

Plur. Accip iamus,   *que nous recevions.*
      Accip iatis,   *que vous receviez.*
      Accip iant,   *qu'ils reçoivent.*

IMPARFAIT.

Sing. Accip erem,   *que je reçusse.*
      Accip eres,   *que tu reçusses.*
      Accip eret,   *qu'il reçût.*
Plur. Accip eremus,   *que nous reçussions.*
      Accip eretis,   *que vous reçussiez.*
      Accip erent,   *qu'ils reçussent.*

Autrement : *Je recevrais, tu recevrais, il recevrait ; nous recevrions,* etc.

PARFAIT.

Accep erim, *que j'aie reçu...* (*comme* leg erim.)

PLUS-QUE-PARFAIT.

Accep issem, *que j'eusse reçu...* (*comme* leg issem.)

Autrement : *J'aurais reçu, tu aurais reçu, il aurait reçu,* etc.

INFINITIF.

PRÉSENT ET IMPARFAIT.

Accip ere, *recevoir, qu'il reçoit* ou *qu'il recevait.*

PARFAIT ET PLUS-QUE-PARFAIT.

Accep isse, *avoir reçu, qu'il a* ou *qu'il avait reçu.*

FUTUR. (*Il se décline.*)

Accep turum, accep turam esse, *devoir recevoir, qu'il recevra* ou *qu'il recevrait.*

FUTUR PASSÉ. (*Il se décline.*)

Accep turum, accep turam fuisse, *avoir dû recevoir qu'il aura* ou *qu'il aurait reçu.*

PARTICIPE PRÉSENT.

Accip iens, ientis, *recevant, qui reçoit* ou *qui recevait.*

PARTICIPE FUTUR.

Accep turus, tura, turum, *devant recevoir, qui recevra* ou *qui doit recevoir.*

SUPIN.

Accep tum,	*à recevoir.*

GÉRONDIFS.

Accip iendi,	*de recevoir.*
Accip iendo,	*en recevant.*
Accip iendum,	*à recevoir* ou *pour recevoir.*

---

§ 26.   QUATRIÈME CONJUGAISON.

IRE, IS

INDICATIF.

PRÉSENT.

Sing	Aud io,	*j'entends* ou *j'écoute.*
	Aud is,	*tu entends* ou *tu écoutes.*
	Aud it,	*il entend* ou *il écoute.*
Plur.	Aud imus,	*nous entendons* cu... **etc.**
	Aud itis,	*vous entendez.*
	Aud iunt,	*ils entendent.*

IMPARFAIT.

Sing.	Aud iebam,	*j'entendais* ou *j'écoutais.*
	Aud iebas,	*tu entendais.*
	Aud iebat,	*il entendait.*
Plur.	Aud iebamus,	*nous entendions,*
	Aud iebatis,	*vous entendiez.*
	Aud iebant,	*ils entendaient.*

PARFAIT.

Sing.	Aud ivi,	*j'ai entendu.*
	Aud ivisti,	*tu as entendu.*
	Aud ivit,	*il a entendu.*
Plur.	Aud ivimus,	*nous avons entendu.*
	Aud ivistis,	*vous avez entendu.*
	Aud iverunt *ou* aud ivère,	*ils ont entendu.*

Autrement pour le français : *J'entendis, tu entendis, il entendit; nous entendîmes, vous entendîtes, ils entendirent.*

Ou : *J'eus entendu, tu eus entendu, il eut entendu; nous eûmes entendu, vous eûtes entendu, ils eurent entendu.*

3

PLUS-QUE-PARFAIT.

Sing. Aud iveram, *j'avais entendu.*
   Aud iveras, *tu avais entendu.*
   Aud iverat, *il avait entendu.*
Plur. Aud iveramus, *nous avions entendu.*
   Aud iveratis, *vous aviez entendu.*
   Aud iverant, *ils avaient entendu.*

FUTUR.

Sing. Aud iam,   *j'entendrai.*
   Aud ies,   *tu entendras.*
   Aud iet,   *il entendra.*
Plur. Aud iemus, *nous entendrons.*
   Aud ietis,   *vous entendrez.*
   Aud ient,   *ils entendront.*

FUTUR PASSÉ.

Sing. Aud ivero,   *j'aurai entendu.*
   Aud iveris, *tu auras entendu.*
   Aud iverit,   *il aura entendu.*
Plur. Aud iverimus, *nous aurons entendu.*
   Aud iveritis, *vous aurez entendu.*
   Aud iverint, *ils auront entendu.*

IMPÉRATIF.

Point de première personne au singulier.

Sing. Aud i *ou* aud ito, *entends.*
   Aud ito (ille), *qu'il entende.*
Plur. Aud iamus, *entendons.*
   Aud ite *ou* aud itote, *entendez.*
   Aud iunto,   *qu'ils entendent.*

SUBJONCTIF.

PRÉSENT.

Sing. Aud iam,   *que j'entende.*
   Aud ias,   *que tu entendes.*
   Aud iat,   *qu'il entende.*

Plur. Aud iamus,   *que nous entendions.*
         Aud iatis,   *que vous entendiez.*
         Aud iant,   *qu'ils entendent.*

IMPARFAIT.

Sing. Aud irem,   *que j'entendisse.*
        Aud ires,   *que tu entendisses.*
        Aud iret,   *qu'il entendît.*
Plur. Aud iremus,   *que nous entendissions.*
        Aud iretis,   *que vous entendissiez.*
        Aud irent,   *qu'ils entendissent.*

Autrement pour le français : *J'entendrais, tu entendrais, il entendrait; nous entendrions, vous entendriez, ils entendraient.*

PARFAIT.

Sing. Aud iverim,   *que j'aie entendu.*
        Aud iveris,   *que tu aies entendu.*
        Aud iverit,   *qu'il ait entendu.*
Plur. Aud iverimus,   *que nous ayons entendu.*
        Aud iveritis,   *que vous ayez entendu.*
        Aud iverint,   *qu'ils aient entendu.*

PLUS-QUE-PARFAIT.

Sing. Aud ivissem,   *que j'eusse entendu.*
        Aud ivisses,   *que tu eusses entendu.*
        Aud ivisset,   *qu'il eût entendu.*
Plur. Aud ivissemus,   *que nous eussions entendu.*
        Aud ivissetis,   *que vous eussiez entendu.*
        Aud ivissent,   *qu'ils eussent entendu.*

Autrement pour le français : *J'aurais entendu, tu aurais entendu, il aurait entendu; nous aurions entendu, vous auriez entendu, ils auraient entendu.*

INFINITIF.

PRÉSENT ET IMPARFAIT.

Aud ire, *entendre, qu'il entend* ou *qu'il entendait.*

PARFAIT ET PLUS-QUE-PARFAIT.

Aud ivisse, *avoir entendu, qu'il a* ou *qu'il avait entendu.*

FUTUR. (*Il se décline.*)

Aud iturum, aud ituram esse, *devoir entendre, qu'il en-*
tendra ou *qu'il entendrait.*

FUTUR PASSÉ. (*Il se décline.*)

Aud iturum, aud ituram fuisse, *avoir dû entendre, qu'il*
eût ou *qu'il aurait entendu.*

PARTICIPE PRÉSENT.

Aud iens, aud ientis, *entendant, qui entend* ou *qui en-*
tendait.

PARTICIPE FUTUR.

Aud iturus, aud itura, aud iturum, *devant entendre,*
qui doit ou *qui devait entendre.*

SUPIN.

Aud itum,   *à entendre.*

GÉRONDIFS.

Aud iendi,   *d'entendre.*
Aud iendo,   *en entendant.*
Aud iendum,   *à entendre* ou *pour entendre.*

Ainsi se conjuguent *aperire,* ouvrir; *munire,* fortifier; *sepelire,*
ensevelir; *punire,* punir, etc.

REMARQUE. On peut faire une *syncope,* c'est-à-dire, retrancher
quelques lettres, dans les parfaits et dans tous les temps qui en
sont formés, en ôtant *ve* ou *vi,* et quelquefois le *v* seulement dans
la quatrième conjugaison : ainsi l'on dit *amârunt* pour *amave-*
runt; implessem pour *implevissem; audieram* pour *audiveram;*
audiissem pour *audivissem.*

TABLEAU GÉNERAL,

Dans lequel on a mis sous un même coup d'œil les quatre Conjugaisons.

	1.		2.		3.		4.
INDICATIF.							
Présent.	Am o,	as,	mon eo,	es,	leg o,	is,	aud io,	is.
Imparfait.	Am abam,	abas,	mon ebam,	ebas,	leg ebam,	ebas,	aud iebam,	iebas.
Parfait.	Am avi,	avisti,	mon ui,	uisti,	leg i,	isti,	aud ivi,	ivisti.
Plus-que-parf.	Am averam,	averas,	mon ueram,	ueras,	leg eram,	eras,	aud iveram,	iveras.
Futur.	Am abo.	abis,	mon ebo,	ebis,	leg am,	es,	aud iam,	ies.
Futur passé.	Am avero,	averis,	mon uero,	ueris,	leg ero,	eris,	aud ivero,	iveris.
IMPÉRATIF.	Am a,	ato,	mon e,	eto,	leg e,	ito,	aud i,	ito.
SUBJONCTIF.							
Présent.	Am em,	es,	mon eam,	eas,	leg am,	as,	aud iam,	ias.
Imparfait.	Am arem,	ares,	mon erem,	eres,	leg erem,	eres,	aud irem,	ires.
Parfait.	Am averim,	averis,	mon uerim,	ueris,	leg erim,	eris,	aud iverim,	iveris.
Plus-que-parf.	Am avissem,	es,	mon uissem,	uisses,	leg issem,	isses,	aud ivissem,	ivisses.
INFINITIF.	Am are,	avisse,	mon ere,	uisse,	leg ere,	isse,	aud ire,	ivisse.

§ 27.   FORMATION DES TEMPS.

Présent de l'infinitif.

Otez-en la dernière syllabe, vous aurez l'impératif :

Ama,   mone,.   lege,   audi [1].

Ajoutez-y *m*, vous aurez l'imparfait du subjonctif :

Amare m,   monere m,   legere m,   audire m.

Présent de l'indicatif.

1° Dans les deux premières conjugaisons, changez
o en *abo*, *ebo*, vous aurez le futur, *am abo*, *mon ebo*;
dans les deux dernières, changez *o* en *am : legam*,
audi am.

2° Dans la première conjugaison, changez *o* en
em, vous aurez le présent du subjonctif *am em :* dans
les trois autres, changez *o* en *am : mone am*, *leg am*,
audi am.

Parfait de l'indicatif.

Changez *i* en *eram*, vous aurez le plus-que-parfait :

Amav eram,   monu eram,   leg eram,   audiv eram.

Changez *i* en *ero*, vous aurez le futur passé :

Amav ero,   monu ero,   leg ero,   audiv ero.

Changez *i* en *erim*, vous aurez le parfait du subjonctif :

Amav erim,   monu erim,   leg erim,   audiv erim.

Changez *i* en *issem*, vous aurez le plus-que-parfait
du subjonctif :

Amav issem,   monu issem,   leg issem,   audiv issem.

---

[1] Quatre Verbes, *dico, duco, facio, fero*, font à l'impératif *dic, duc,
fac, fer*, ainsi que les Verbes qui en sont composés, excepté ceux qui
changent *facere* en *ficere*.

§ 28. RÈGLE DES VERBES ACTIFS.

Amo Deum.

Tous les Verbes actifs gouvernent l'Accusatif.

Exemples : J'aime, j'aimais, j'ai aimé, j'aimerai Dieu; *amo, amabam, amavi, amabo Deum.*

Vous aviez instruit, vous instruiriez l'enfant; *docueras, doceres puerum.*

Il aura lu, il aurait lu le livre; *legerit, legisset librum;* écoutez votre maître : *audi magistrum tuum.*

§ 29. CONJUGAISONS DES VERBES PASSIFS.

On forme le Verbe passif en ajoutant *r* à l'actif : *amo, amor; doceo, doceor.*

PREMIÈRE CONJUGAISON PASSIVE.

AMARI.

INDICATIF.

PRESENT.

Sing.	Am or,	*je suis aimé.*
	Am aris *ou* amare,	*tu es aimé.*
	Am atur,	*il est aimé.*
Plur.	Am amur,	*nous sommes aimés.*
	Am amini,	*vous êtes aimés.*
	Am antur,	*ils sont aimés.*

IMPARFAIT.

Sing.	Am abar,	*j'étais aimé.*
	Am abaris *ou* am abare,	*tu étais aimé.*
	Am abatur,	*il était aimé.*
Plur.	Am abamur,	*nous étions aimés.*
	Am abamini,	*vous étiez aimés.*
	Am abantur,	*ils étaient aimés.*

PARFAIT. (*Il se décline.*)

Sing.	Am atus sum *ou* fui,	*j'ai été aimé.*
	Am atus es *ou* fuisti,	*tu as été aimé.*
	Am atus est *ou* fuit,	*il a été aimé.*
Plur.	Am ati sumus *ou* fuimus,	*nous avons été aimés.*
	Am ati estis *ou* fuistis,	*vous avez été aimés.*
	Am ati sunt *ou* fuerunt,	*ils ont été aimés.*

Autrement pour le français : *Je fus aimé, tu fus aimé, il fut aimé; nous fûmes aimés, vous fûtes aimés, ils furent aimés.*

Ou : *J'eus été aimé, tu eus été aimé, il eut été aimé; nous eûmes été aimés, vous eûtes été aimés, ils eurent été aimés.*

PLUS-QUE-PARFAIT. (*Il se décline.*)

Sing.	Am atus eram *ou* fueram,	*j'avais été aimé.*
	Am atus eras *ou* fueras,	*tu avais été aimé.*
	Am atus erat *ou* fuerat,	*il avait été aimé.*
Plur.	Am ati eramus *ou* fueramus,	*nous avions été aimés.*
	Am ati eratis *ou* fueratis,	*vous aviez été aimés.*
	Am ati erant *ou* fuerant,	*ils avaient été aimés.*

FUTUR.

Sing.	Am abor,	*je serai aimé.*
	Am aberis *ou* am abere,	*tu seras aimé.*
	Am abitur,	*il sera aimé.*
Plur.	Am abimur,	*nous serons aimés.*
	Am abimini,	*vous serez aimés.*
	Am abuntur,	*ils seront aimés.*

FUTUR PASSÉ. (*Il se décline.*)

Sing.	Am atus ero *ou* fuero,	*j'aurai été aimé.*
	Am atus eris *ou* fueris,	*tu auras été aimé.*
	Am atus erit *ou* fuerit,	*il aura été aimé.*
Plur.	Am ati erimus *ou* fuerimus,	*nous aurons été aimés.*
	Am ati eritis *ou* fueritis,	*vous aurez été aimés*
	Am ati erunt *ou* fuerint,	*ils auront été aimés.*

IMPÉRATIF.

Point de première personne.

Sing.	Am are *ou* amator,	*sois aimé.*
	Am ator (ille),	*qu'il soit aimé.*
Plur.	Am emur,	*soyons aimés.*
	Am amini,	*soyez aimés.*
	Am antor,	*qu'ils soient aimés.*

SUBJONCTIF.

PRÉSENT.

Sing.	Am er,	*que je sois aimé.*
	Am eris *ou* am ere,	*que tu sois aimé.*
	Am etur,	*qu'il soit aimé.*
Plur.	Am emur,	*que nous soyons aimés.*
	Am emini,	*que vous soyez aimés.*
	Am entur,	*qu'ils soient aimés.*

IMPARFAIT.

Sing.	Am arer,	*que je fusse aimé.*
	Am areris *ou* am arere,	*que tu fusses aimé.*
	Am aretur,	*qu'il fût aimé.*
Plur.	Am aremur,	*que nous fussions aimés.*
	Am aremini,	*que vous fussiez aimés.*
	Am arentur,	*qu'ils fussent aimés.*

Autrement pour le français : *Je serais aimé, tu serais aimé, il serait aimé; nous serions aimés, vous seriez aimés, ils seraient aimés.*

PARFAIT. (*Il se décline.*)

Sing.	Am atus sim *ou* fuerim,	*que j'aie été aimé.*
	Am atus sis *ou* fueris,	*que tu aies été aimé.*
	Am atus sit *ou* fuerit,	*qu'il ait été aimé.*
Plur.	Am ati simus *ou* fuerimus,	*que nous ayons été aimés.*
	Am ati sitis *ou* fueritis,	*que vous ayez été aimés.*
	Am ati sint *ou* fuerint,	*qu'ils aient été aimés.*

3.

PLUS-QUE-PARFAIT. (*Il se décline.*)

Sing. Am atus essem *ou* fuissem, *que j'eusse été aimé.*

Am atus esses *ou* fuisses, *que tu eusses été aimé.*

Am atus esset *ou* fuisset, *qu'il eût été aimé.*

Plur. Am ati essemus *ou* fuissemus, *que nous eussions été aimés.*

Am ati essetis *ou* fuissetis, *que vous eussiez été aimés.*

Am ati essent *cu* fuissent, *qu'ils eussent été aimés.*

Autrement pour le français : *J'aurais été aimé, tu aurais été aimé, il aurait été aimé; nous aurions été aimés, vous auriez été aimés, ils auraient été aimés.*

INFINITIF.

PRÉSENT ET IMPARFAIT.

Am ari, *être aimé, qu'il est* ou *qu'il était aimé.*

PARFAIT ET PLUS-QUE-PARFAIT. (*Il se décline.*)

Am atum, am atam fuisse, *avoir été aimé, qu'il a été* ou *qu'il avait été aimé.*

FUTUR.

Am atum (*indécl.*) iri, am andum (*il se décl.*) esse, *devoir être aimé, qu'il sera* ou *qu'il serait aimé.*

FUTUR PASSÉ. (*Il se décline.*)

Am andum fuisse, *avoir dû être aimé, qu'il aurait été* ou *qu'il eût été aimé.*

PARTICIPE PASSÉ.

Am atus, am ata, am atum, *aimé, ayant été aimé, qui a été aimé.*

PARTICIPE FUTUR.

Am andus, am anda, am andum, *devant être aimé, qui doit* ou *qui devait être aimé.*

Am atu,   *à être aimé.*

Ainsi se conjuguent *laudor,* je suis loué; *vituperor,* je suis blâmé; *verberor,* je suis frappé; *vocor,* je suis appelé, etc.

REMARQUE. Tous les temps composés se déclinent, tant au singulier qu'au pluriel, comme *Bonus, a, um;* et ils s'accordent en genre, en nombre et en cas avec leurs Nominatifs.

Exemple : Le père a été aimé, *pater amatus est;* la mère a été aimée, *mater amata est.*

§ 30. DEUXIÈME CONJUGAISON PASSIVE.

MONERI.

INDICATIF.

PRÉSENT.

Sing.	Mon eor,	*je suis averti.*
	Mon eris *ou* mon ere,	*tu es averti.*
	Mon etur,	*il est averti.*
Plur.	Mon emur,	*nous sommes avertis.*
	Mon emini,	*vous êtes avertis.*
	Mon entur,	*ils sont avertis.*

IMPARFAIT.

Sing.	Mon ebar,	*j'étais averti.*
	Mon ebaris *ou* mon ebare,	*tu étais averti.*
	Mon ebatur,	*il était averti.*
Plur.	Mon ebamur,	*nous étions avertis.*
	Mon ebamini,	*vous étiez avertis.*
	Mon ebantur,	*ils étaient avertis.*

PARFAIT. (*Il se décline.*)

Sing.	Mon itus sum *ou* fui,	*j'ai été averti.*

Mon itus es *ou* fuisti,	*tu as été averti.*
Mon itus est *ou* fuit,	*il a été averti.*
Plur. Mon iti sumus *ou* fuimus,	*nous avons été avertis*
Mon iti estis *ou* fuistis,	*vous avez été avertis.*
Mon iti sunt *ou* fuerunt,	*ils ont été avertis.*

Autrement pour le français : *Je fus averti, tu fus averti, il fut averti; nous fûmes avertis, vous fûtes avertis, ils furent avertis.*

Ou : *J'eus été averti, tu eus été averti, il eut été averti; nous eûmes été avertis, vous eûtes été avertis, ils eurent été avertis.*

PLUS-QUE-PARFAIT. (*Il se décline.*)

Sing. Mon itus eram *ou* fueram,	*j'avais été averti.*
Mon itus eras *ou* fueras,	*tu avais été averti.*
Mon itus erat *ou* fuerat,	*il avait été averti.*
Plur. Mon iti eramus *ou* fueramus,	*nous avions été avertis.*
Mon iti eratis *ou* fueratis,	*vous aviez été avertis.*
Mon iti erant *ou* fuerant,	*ils avaient été avertis.*

FUTUR.

Sing. Mon ebor,	*je serai averti.*
Mon eberis *ou* mon ebere,	*tu seras averti.*
Mon ebitur,	*il sera averti.*
Plur. Mon ebimur,	*nous serons avertis.*
Mon ebimini,	*vous serez avertis.*
Mon ebuntur,	*ils seront avertis.*

FUTUR PASSÉ. (*Il se décline.*)

Sing. Mon itus ero *ou* fuero,	*j'aurai été averti.*
Mon itus eris *ou* fueris,	*tu auras été averti.*
Mon itus erit *ou* fuerit,	*il aura été averti.*
Plur. Mon iti erimus *ou* fuerimus,	*nous aurons été avertis*
Mon iti eritis *ou* fueritis,	*vous aurez été avertis.*
Mon iti erunt *ou* fuerint,	*ils auront été avertis.*

IMPÉRATIF.

Point de première personne.

Sing. Mon ere *ou* mon etor,	*sois averti.*

Mon etor (ille),   *qu'il soit averti.*
Plur. **Mon** eamur,   *soyons avertis.*
      Mon emini,   *soyez avertis.*
      Mon entor,   *qu'ils soient avertis.*

SUBJONCTIF.

PRÉSENT.

Sing. **Mon** ear,   *que je sois averti.*
      Mon earis *ou* mon eare, *que tu sois averti.*
      Mon eatur,   *qu'il soit averti.*
Plur. **Mon** eamur,   *que nous soyons avertis*
      Mon eamini,   *que vous soyez avertis.*
      Mon eantur,   *qu'ils soient avertis.*

IMPARFAIT.

Sing. **Mon** erer,   *que je fusse averti.*
      Mon ereris *ou* mon erere, *que tu fusses averti.*
      Mon eretur,   *qu'il fût averti.*
Plur. **Mon** eremur,   *que nous fussions avertis.*
      Mon eremini,   *que vous fussiez avertis.*
      Mon erentur,   *qu'ils fussent avertis.*

Autrement pour le français : *Je serais averti, tu serais averti*, etc.

PARFAIT. (*Il se décline.*)

Sing. **Mon** itus sim *ou* fuerim, *que j'aie été averti.*
      Mon itus sis *ou* fueris, *que tu aies été averti.*
      Mon itus sit *ou* fuerit, *qu'il ait été averti.*
Plur. **Mon** iti simus *ou* fuerimus, *que nous ayons été avertis.*
      Mon iti sitis *ou* fueritis, *que vous ayez été avertis.*
      Mon iti sint *ou* fuerint, *qu'ils aient été avertis.*

PLUS-QUE-PARFAIT. (*Il se décline.*)

Sing. **Mon** itus essem *ou* fuissem, *que j'eusse été averti.*
      Mon itus esses *ou* fuisses, *que tu eusses été averti.*
      Mon itus esset *ou* fuisset, *qu'il eût été averti.*

Plur. Mon iti essemus *ou* fuissemus, *que nous eussions été averti s.*

Mon iti essetis *ou* fuissetis, *que vous eussiez été averti s.*

Mon iti essent *ou* fuissent, *qu'ils eussent été averti s.*

Autrement pour le français : *J'aurais été averti,* etc.

INFINITIF.

PRÉSENT ET IMPARFAIT.

Mon eri, *être averti, qu'il est* ou *qu'il était averti.*

PARFAIT ET PLUS-QUE-PARFAIT. (*Il se décline.*)

Mon itum, mon itam esse, *avoir été averti, qu'il a* ou *avait été averti.*

FUTUR.

Mon itum (*indécl.*) iri, mon endum (*décl.*) esse, *devoir être averti, qu'il sera* ou *serait averti.*

FUTUR PASSÉ. (*Il se décline.*)

Mon endum fuisse, *avoir dû être averti, qu'il aurait, qu'il eût été averti.*

PARTICIPE PASSÉ.

Mon itus, ita, itum, *averti, ayant été averti, qui a été averti.*

PARTICIPE FUTUR.

Mon endus, enda, endum, *devant être averti.*

SUPIN.

Mon itu,   *à être averti.*

Ainsi se conjuguent *doceor,* je suis instruit; *terreor,* je suis épouvanté; *teneor,* je suis tenu; *impleor,* je suis empli, etc.

§ 31. TROISIÈME CONJUGAISON PASSIVE.

LEGI.

INDICATIF.

PRÉSENT.

Sing. Leg or,   je suis lu.
Leg eris *ou* legere,   tu es lu.
Leg itur,   il est lu.
Plur. Leg imur,   nous sommes lus.
Leg imini,   vous êtes lus.
Leg untur,   ils sont lus.

IMPARFAIT.

Sing. Leg ebar,   j'étais lu.
Leg ebaris *ou* leg ebare,   tu étais lu.
Leg ebatur,   il était lu.
Plur. Leg ebamur,   nous étions lus.
Leg ebamini,   vous étiez lus.
Leg ebantur,   ils étaient lus.

PARFAIT. (*Il se décline.*)

Sing. Lec tus sum *ou* fui,   j'ai été lu.
Lec tus es *ou* fuisti,   tu as été lu.
Lec tus est *ou* fuit,   il a été lu.
Plur. Lec ti sumus *ou* fuimus,   nous avons été lus.
Lec ti estis *ou* fuistis,   vous avez été lus.
Lec ti sunt *ou* fuerunt,   ils ont été lus.

Autrement pour le français : *Je fus lu, tu fus lu, il fut lu; nous fûmes lus, vous fûtes lus, ils furent lus.*

Ou : *J'eus été lu, tu eus été lu, il eut été lu; nous eûmes été lus, vous eûtes été lus, ils eurent été lus.*

PLUS-QUE-PARFAIT. (*Il se décline.*)

Sing. Lec tus eram *ou* fueram, j'avais été lu.
Lec tus eras *ou* fueras,   tu avais été lu.
Lec tus erat *ou* fuerat,   il avait été lu.

Plur. Lec ti eramus *ou* fueramus, *nous avions été lus.*
Lec ti eratis *ou* fueratis,   *vous aviez été lus.*
Lec ti erant *ou* fuerant,   *ils avaient été lus.*

FUTUR.

Sing. Leg ar,   *je serai lu.*
Leg eris *ou* leg ere,   *tu seras lu.*
Leg etur,   *il sera lu.*
Plur. Leg emur,   *nous serons lus.*
Leg emini,   *vous serez lus.*
Leg entur,   *ils seront lus.*

FUTUR PASSÉ. *(Il se décline.)*

Sing. Lec tus ero *ou* fuero,   *j'aurai été lu.*
Lec tus eris *ou* fueris,   *tu auras été lu.*
Lec tus erit *ou* fuerit,   *il aura été lu.*
Plur. Lec ti erimus *ou* fuerimus, *nous aurons été lus.*
Lec ti eritis *ou* fueritis,   *vous aurez été lus.*
Lec ti erunt *ou* fuerint,   *ils auront été lus.*

IMPÉRATIF.

Point de première personne.

Sing. Leg ere *ou* leg itor,   *sois lu.*
Leg itor (ille),   *qu'il soit lu.*
Plur. Leg amur,   *soyons lus.*
Leg imini,   *soyez lus.*
Leg untor,   *qu'ils soient lus.*

SUBJONCTIF.

PRÉSENT.

Sing. Leg ar,   *que je sois lu.*
Leg aris *ou* leg are,   *que tu sois lu.*
Leg atur,   *qu'il soit lu.*
Plur. Leg amur,   *que nous soyons lus.*
Leg amini,   *que vous soyez lus.*
Leg antur,   *qu'ils soient lus.*

IMPARFAIT.

Sing. Leg erer,   *que je fusse lu.*

Leg ereris *ou* leg erere, *que tu fusses lu.*
Leg eretur, *qu'il fût lu.*
Plur. Leg eremur, *que nous fussions lus.*
Leg eremini, *que vous fussiez lus.*
Leg erentur, *qu'ils fussent lus.*

Autrement pour le français : *Je serais lu, tu serais lu, il serait lu; nous serions lus, vous scriez lus, ils seraient lus.*

PARFAIT. (*Il se décline.*)

Sing. Lec tus sim *ou* fuerim, *que j'aie été lu.*
Lec tus sis *ou* fueris, *que tu aies été lu.*
Lec tus sit *ou* fuerit, *qu'il ait été lu.*
Plur. Lec ti simus *ou* fuerimus, *que nous ayons été lus.*
Lec ti sitis *ou* fueritis, *que vous ayez été lus.*
Lec ti sint *ou* fuerint, *qu'ils aient été lus.*

PLUS-QUE-PARFAIT. (*Il se décline.*)

Sing. Lec tus essem *ou* fuissem, *que j'eusse été lu.*
Lec tus esses *ou* fuisses, *que tu eusses été lu.*
Lec tus esset *ou* fuisset, *qu'il eût été lu.*
Plur. Lec ti essemus *ou* fuissemus, *que nous eussions été*
lus.
Lec ti essetis *ou* fuissetis, *que vous eussiez été lus.*
Lec ti essent *ou* fuissent, *qu'ils eussent été lus.*

Autrement pour le français : *J'aurais été lu, tu aurais été lu, il aurait été lu; nous aurions été lus, vous auriez été lus, ils au-*
raient été lus.

INFINITIF.

PRÉSENT ET IMPARFAIT.

Leg i, *être lu.*

PARFAIT ET PLUS-QUE-PARFAIT. (*Il se décline.*)

Lec tum, lec tam esse, *avoir été lu.*

FUTUR.

Lec tum (*indécl.*) iri, leg endum (*décl.*) esse, *devoir être*
lu, qu'il sera, qu'il serait lu.

FUTUR PASSÉ. (*Il se décline.*)

Leg endum fuisse, *avoir dû être lu, qu'il aurait ou qu'il*
eût été lu.

PARTICIPE PASSÉ.

Lec tus, lec ta, lec tum, *ayant été* ou *qui a été lu.*

PARTICIPE FUTUR.

Leg endus, leg enda, leg endum, *devant être lu, qui doit*
ou *qui devait être lu.*

SUPIN.

Lec tu, *à être lu.*

Ainsi se conjuguent *vincor,* je suis vaincu ; *scribor,* je suis écrit ;
cognoscor, je suis connu, etc.

§ 32. QUATRIÈME CONJUGAISON PASSIVE.

AUDIRI.

INDICATIF.

PRÉSENT.

Sing. Aud ior, *je suis écouté* ou *entendu.*
Aud iris *ou* aud ire, *tu es écouté.*
Aud itur, *il est écouté.*
Plur. Aud imur, *nous sommes écoutés* ou *entendus.*
Aud imini, *vous êtes écoutés.*
Aud iuntur, *ils sont écoutés.*

IMPARFAIT.

Sing. Aud iebar, *j'étais écouté* ou *entendu.*
Aud iebaris *ou* aud iebare, *tu étais écouté.*
Aud iebatur, *il était écouté.*
Plur. Aud iebamur, *nous étions écoutés.*
Aud iebamini, *vous étiez écoutés.*
Aud iebantur, *ils étaient écoutés.*

PARFAIT. (*Il se décline.*)

Sing. Aud itus sum *ou* fui, *j'ai été écouté* ou *entendu.*
Au itus es *ou* fuisti, *tu as été écouté.*
Aud itus est *ou* fuit, *il a été écouté.*
Plur. Aud iti sumus *ou* fuimus, *nous avons été écoutés.*

Aud iti estis *ou* fuistis, *vous avez été écoutés.*
Aud iti sunt *ou* fuerunt, *ils ont été écoutés.*

Autrement pour le français : *Je fus écouté, tu fus écouté, il fut écouté; nous fûmes écoutés, vous fûtes écoutés, ils furent écoutés.*

Ou : *J'eus été écouté, tu eus été écouté, il eut été écouté; nous eûmes été écoutés, vous eûtes été écoutés, ils eurent été écoutés.*

PLUS-QUE-PARFAIT. (Il se décline.)

Sing. Aud itus eram *ou* fueram, *j'avais été écouté.*
Aud itus eras *ou* fueras, *tu avais été écouté.*
Aud itus erat *ou* fuerat, *il avait été écouté.*
Plur. Aud iti eramus *ou* fueramus, *nous avions été écoutés.*
Aud iti eratis *ou* fueratis, *vous aviez été écoutés.*
Aud iti erant *ou* fuerant, *ils avaient été écoutés.*

FUTUR.

Sing. Aud iar,   *je serai écouté.*
Aud ieris *ou* aud iere, *tu seras écouté.*
Aud ietur,   *il sera écouté.*
Plur. Aud iemur,   *nous serons écoutés.*
Aud iemini,   *vous serez écoutés.*
Aud ientur,   *ils seront écoutés.*

FUTUR PASSÉ. (Il se décline.)

Sing. Aud itus ero *ou* fuero, *j'aurai été écouté.*
Aud itus eris *ou* fueris, *tu auras été écouté.*
Aud itus erit *ou* fuerit, *il aura été écouté.*
Plur. Aud iti erimus *ou* fuerimus, *nous aurons été écoutés.*
Aud iti eritis *ou* fueritis, *vous aurez été écoutés.*
Aud iti erunt *ou* fuerint, *ils auront été écoutés.*

IMPÉRATIF.

Point de première personne.

Sing. Aud ire *ou* aud itor, *sois écouté.*
Aud itor (ille), *qu'il soit écouté.*
Plur. Aud iamur, *soyons écoutés.*
Aud imini, *soyez écoutés.*
Aud iuntor, *qu'ils soient écoutés.*

SUBJONCTIF.

PRÉSENT.

Sing. Aud iar,   *que je sois écouté.*
      Aud iaris *ou* aud iare,   *que tu sois écouté.*
      Aud iatur,   *qu'il soit écouté.*
Plur. Aud iamur,   *que nous soyons écoutés.*
      Aud iamini,   *que vous soyez écoutés.*
      Aud iantur,   *qu'ils soient écoutés.*

IMPARFAIT.

Sing. Aud irer,   *que je fusse écouté.*
      Aud ireris *ou* aud irere,   *que tu fusses écouté.*
      Aud iretur,   *qu'il fût écouté.*
Plur. Aud iremur,   *que nous fussions écoutés.*
      Aud iremini,   *que vous fussiez écoutés.*
      Aud irentur,   *qu'ils fussent écoutés.*

Autrement pour le français : *Je serais écouté, tu serais écouté, il serait écouté; nous serions écoutés, vous seriez écoutés, ils seraient écoutés.*

PARFAIT. (*Il se décline.*)

Sing. Aud itus sim *ou* fuerim,   *que j'aie été écouté.*
      Aud itus sis *ou* fueris,   *que tu aies été écouté.*
      Aud itus sit *ou* fuerit,   *qu'il ait été écouté.*
Plur. Aud iti simus *ou* fuerimus, *que nous ayons été écoutés.*

      Aud iti sitis *ou* fueritis, *que vous ayez été écoutés.*
      Aud iti sint *ou* fuerint,   *qu'ils aient été écoutés.*

PLUS-QUE-PARFAIT. (*Il se décline.*)

Sing. Aud itus essem *ou* fuissem, *que j'eusse été écouté.*
      Aud itus esses *ou* fuisses, *que tu eusses été écouté.*
      Aud itus esset *ou* fuisset, *qu'il eût été écouté.*
Plur. Aud iti essemus *ou* fuissemus, *que nous eussions été écoutés.*

      Aud iti essetis *ou* fuissetis, *que vous eussiez été écoutés.*

      Aud iti essent *ou* fuissent, *qu'ils eussent été écoutés.*

Autrement pour le français : *J'aurais été écouté, tu aurais été écouté, il aurait été écouté; nous aurions été écoutés, vous auriez été écoutés, ils auraient été écoutés.*

INFINITIF.

PRÉSENT ET IMPARFAIT.

Aud iri, *être écouté.*

PARFAIT ET PLUS-QUE-PARFAIT. (*Il se décline*)

Aud itum, aud itam esse *ou* fuisse, *avoir été écouté.*

FUTUR.

Aud itum (*indécl.*) iri, aud iendum (*décl.*) esse, *devoir être écouté, qu'il sera ou qu'il serait écouté.*

FUTUR PASSÉ. (*Il se décline.*)

Aud iendum fuisse, *avoir dû être écouté, qu'il aurait ou qu'il eût été écouté.*

PARTICIPE PASSÉ.

Aud itus, aud ita, aud itum, *écouté, agant été écouté ou qui a été écouté.*

PARTICIPE FUTUR.

Aud iendus, aud ienda, aud iendum, *devant être écouté, qui sera ou qui serait écouté.*

SUPIN.

Aud itu, *à être écouté.*

Ainsi se conjuguent *aperior,* je suis ouvert; *munior,* je suis fortifié; *sepelior,* je suis enseveli; *punior,* je suis puni, etc.

TABLEAU GÉNÉRAL,

Dans lequel on a mis sous un même coup d'œil les quatre Conjugaisons passives.

	1.	2.	3.	4.
INDICATIF.				
Présent.	Am or, aris,	mon eor, eris,	leg or, eris,	aud ior, iris,
Imparfait.	Am abar, abaris,	mon ebar, ebaris,	leg ebar, ebaris,	aud iebar, iebaris.
Parfait.	Am atus sum ou fui,	mon itus sum,	lec tus sum,	aud itus sum.
Plus-que-parf.	Am atus eram ou fueram,	mon itus eram,	lec tus eram,	aud itus eram.
Futur.	Am abor, aberis,	mon ebor, eberis,	leg ar, eris,	aud iar, ieris.
Futur passé.	Am atus ero ou fuero,	mon itus ero,	lec tus ero,	aud itus ero.
IMPÉRATIF.	Am are, ator,	mon ere, etor,	leg ere, itor,	aud ire, itor.
SUBJONCTIF.				
Présent.	Am er, eris,	mon ear, earis,	leg ar, aris,	aud iar, iaris.
Imparfait.	Am arer, areris,	mon erer, ereris,	leg erer, creris,	aud irer, ireris.
Parfait.	Am atus sim ou fuerim,	mon itus sim,	lec tus sim,	aud itus sim.
Plus-que-parf.	Am atus essem ou fuissem,	mon itus essem,	lec tus essem,	aud itus essem.
INFINITIF.	Am ari,	mon eri,	leg i,	aud iri.

§ 33. *Remarques sur la formation des temps.*

1° L'impératif passif est toujours semblable à l'infinitif actif.

2° Les temps simples du passif se forment des mêmes temps de l'actif en ajoutant *r* à ceux qui sont terminés en *o* : *amo, amor; amabo, amabor;* et en changeant *m* en *r* aux temps de l'actif qui sont terminés en *m* : *amabam, amabar; amarem, amarer; legam, legar; audiam, audiar.*

§ 34. RÈGLE DES VERBES PASSIFS.

Amor *a Deo.*

De ou *par*, après un Verbe passif, s'exprime en latin par *a* ou *ab* et le Nom suivant se met à l'Ablatif.

Exemples : Je suis aimé, j'étais aimé, je serai aimé de Dieu; *amor, amabar, amabor a Deo.*

Vous étiez écouté, vous aviez été écouté par vos écoliers; *audiebaris, auditus fueras a tuis discipulis.*

Il sera instruit, il aura été instruit par le maître; *docebitur, doctus erit a magistro.*

Ce livre est lu par l'enfant, *hic liber legitur a puero.*

VERBES DÉPONENTS.

Les Verbes déponents se conjuguent pour le latin comme les Verbes passifs, et pour le français comme les Verbes actifs. Il y a des Verbes déponents de chacune des quatre conjugaisons passives.

§ 35. *Verbe déponent de la première conjugaison.*

Sur *Amor.*

INDICATIF.

PRÉSENT.

Sing.	Imit or,	*j'imite.*
	Imit aris *ou* imit are,	*tu imites.*
	Imit atur,	*il imite.*
Plur.	Imit amur,	*nous imitons.*
	Imit amini,	*vous imitez.*
	Imit antur,	*ils imitent.*

IMPARFAIT.

Sing.	Imit abar,	*j'imitais.*
	Imit abaris *ou* imit abare,	*tu imitais.*
	Imit abatur,	*il imitait.*
Plur.	Imit abamur,	*nous imitions.*
	Imit abamini,	*vous imitiez.*
	Imit abantur,	*ils imitaient.*

PARFAIT. (*Il se décline.*)

Sing.	Imit atus sum *ou* fui,	*j'ai imité.*
	Imit atus es *ou* fuisti,	*tu as imité.*
	Imit atus est *ou* fuit,	*il a imité.*
Plur.	Imit ati sumus *ou* fuimus,	*nous avons imité.*
	Imit ati estis *ou* fuistis,	*vous avez imité,*
	Imit ati sunt *ou* fuerunt,	*ils ont imité.*

Autrement pour le français : *J'imitai, tu imitas, il imita; nous imitâmes, vous imitâtes, ils imitèrent.*

Ou : *J'eus imité, tu eus imité, il eut imité; nous eûmes imité, vous eûtes imité, ils eurent imité.*

PLUS-QUE-PARFAIT. (*Il se décline.*)

Sing.	Imit atus eram *ou* fueram,	*j'avais imité.*
	Imit atus eras *ou* fueras,	*tu avais imité*
	Imit atus erat *ou* fuerat,	*il avait imité.*

Plur. Imit ati eramus *ou* fueramus, *nous avions imité.*
Imit ati eratis *ou* fueratis,   *vous aviez imité.*
Imit ati erant *ou* fuerant,   *ils avaient imité.*

FUTUR.

Sing. Imit abor,   *j'imiterai.*
Imit aberis *ou* imit abere,   *tu imiteras.*
Imit abitur,   *il imitera.*
Plur. Imit abimur,   *nous imiterons.*
Imit abimini,   *vous imiterez.*
Imit abuntur,   *ils imiteront.*

FUTUR PASSÉ. (*Il se décline.*)

Sing. Imit atus ero *ou* fuero,   *j'aurai imité.*
Imit atus eris *ou* fueris,   *tu auras imité.*
Imit atus erit *ou* fuerit,   *il aura imité.*
Plur. Imit ati erimus *ou* fuerimus, *nous aurons imité.*
Imit ati eritis *ou* fueritis,   *vous aurez imité.*
Imit ati erunt *ou* fuerint,   *ils auront imité.*

IMPÉRATIF.

Point de première personne.

Sing. Imit are *ou* imit ator,   *imite.*
Imit ator (ille),   *qu'il imite.*
Plur. Imit emur,   *imitons.*
Imit amini,   *imitez.*
Imit antor,   *qu'ils imitent.*

SUBJONCTIF.

PRÉSENT.

Sing. Imit er,   *que j'imite.*
Imit eris *ou* imit ere,   *que tu imites.*
Imit etur,   *qu'il imite.*
Plur. Imit emur,   *que nous imitions.*
Imit emini,   *que vous imitiez.*
Imit entur,   *qu'ils imitent.*

IMPARFAIT.

Sing.	Imit arer,	*que j'imitasse.*
	Imit areris *ou* imit arere,	*que tu imitasses.*
	Imit aretur,	*qu'il imitât.*
Plur.	Imit aremur,	*que nous imitassions.*
	Imit aremini,	*que vous imitassiez.*
	Imit arentur,	*qu'ils imitassent.*

Autrement pour le français : *J'imiterais, tu imiterais, il imiterait ; nous imiterions, vous imiteriez, ils imiteraient.*

PARFAIT. (*Il se décline.*)

Sing.	Imit atus sim *ou* fuerim,	*que j'aie imité.*
	Imit atus sis *ou* fueris,	*que tu aies imité.*
	Imit atus sit *ou* fuerit,	*qu'il ait imité.*
Plur.	Imit ati simus *ou* fuerimus,	*que nous ayons imité.*
	Imit ati sitis *ou* fueritis,	*que vous ayez imité.*
	Imit ati sint *ou* fuerint,	*qu'ils aient imité.*

PLUS-QUE-PARFAIT. (*Il se décline.*)

Sing.	Imit atus essem *ou* fuissem,	*que j'eusse imité.*
	Imit atus esses *ou* fuisses,	*que tu eusses imité.*
	Imit atus esset *ou* fuisset,	*qu'il eût imité.*
Plur.	Imit ati essemus *ou* fuissemus,	*que nous eussions imité.*
	Imit ati essetis *ou* fuissetis,	*que vous eussiez imité.*
	Imit ati essent *ou* fuissent,	*qu'ils eussent imité.*

Autrement pour le français : *J'aurais imité, tu aurais imité, il aurait imité ; nous aurions imité, vous auriez imité, ils auraient imité.*

INFINITIF.

PRÉSENT ET IMPARFAIT.

Imit ari, *imiter.*

PARFAIT ET PLUS-QUE-PARFAIT. (*Il se décline.*)

Imit atum, imit atam esse *ou* fuisse, *avoir imité.*

FUTUR. (*Il se décline.*)

Imit aturum, imit aturam esse, *devoir imiter, qu'il imitera* ou *qu'il imiterait.*

FUTUR PASSÉ. (*Il se décline.*)

Imit aturum, imit aturam fuisse, *avoir dû imiter, qu'il
aurait* ou *qu'il eût imité.*

PARTICIPE PRÉSENT.

Imit ans, imit antis, *imitant, qui imite, qui imitait.*

PARTICIPE PASSÉ ACTIF.

Imit atus, imit ata, imit atum, *ayant imité, qui a* ou *qui
avait imité.*

PARTICIPE FUTUR ACTIF.

Imit aturus, imit atura, imit aturum, *devant imiter, qui
imitera* ou *qui imiterait.*

PARTICIPE FUTUR PASSIF.

Imit andus, imit anda, imit andum, *qui doit être imité.*

SUPINS.

Imit atum,   *à imiter.*
Imit atu,   *à être imité.*

GÉRONDIFS.

Imit andi,   *d'imiter.*
Imit ando,   *en imitant.*
Imit andum,   *à imiter* ou *pour imiter.*

Ainsi se conjuguent *mirari, miror,* admirer; *hortari,
hortor,* exhorter; *precari, precor,* prier; *venerari, veneror,*
respecter.

Il suffira, pour les autres Verbes déponents, d'indiquer la première personne dans chaque temps composé.

---

§ 36. *Verbe déponent de la seconde conjugaison.*

Sur *Moneor.*

INDICATIF.

PRÉSENT.

Sing.	Pollic eor,	*je promets.*
	Pollic eris *ou* pollic ere,	*tu promets.*
	Pollic etur,	*il promet.*
Plur.	Pollic emur,	*nous promettons.*
	Pollic emini,	*vous promettez.*
	Pollic entur,	*ils promettent.*

IMPARFAIT.

Sing.	Pollic ebar,	*je promettais.*
	Pollic ebaris *ou* pollic ebare,	*tu promettais.*
	Pollic ebatur,	*il promettait.*
Plur.	Pollic ebamur,	*nous promettions.*
	Pollic ebamini,	*vous promettiez.*
	Pollic ebantur,	*ils promettaient.*

PARFAIT.

Pollic itus sum *ou* fui,   *j'ai promis,* etc.

PLUS-QUE-PARFAIT.

Pollic itus eram *ou* fueram, *j'avais promis,* etc.

FUTUR.

Sing.	Pollic ebor,	*je promettrai.*
	Pollic eberis *ou* pollic ebere,	*tu promettras.*
	Pollic ebitur,	*il promettra.*

Plur. Pollic ebimur,   *nous promettrons.*
      Pollic ebimini,   *vous promettrez.*
      Pollic ebuntur,   *ils promettront.*

FUTUR PASSÉ.

Pollic itus ero *ou* fuero,   *j'aurai promis,* etc.

IMPÉRATIF.

Point de première personne.

Sing. Pollic ere *ou* pollic etor,   *promets.*
      Pollic etor (ille),   *qu'il promette.*
Plur. Pollic eamur,   *promettons.*
      Pollic emini,   *promettez.*
      Pollic entor,   *qu'ils promettent.*

SUBJONCTIF.

PRÉSENT.

Sing. Pollic ear,   *que je promette.*
      Pollic earis *ou* pollic eare, *que tu promettes.*
      Pollic eatur,   *qu'il promette.*
Plur. Pollic eamur,   *que nous promettions.*
      Pollic eamini,   *que vous promettiez.*
      Pollic eantur,   *qu'ils promettent.*

IMPARFAIT.

Sing. Pollic erer, *que je promisse ou je promettrais.*
      Pollic ereris *ou* pollic erere, *que tu promisses.*
      Pollic eretur,   *qu'il promît.*
Plur. Pollic eremur,   *que nous promissions.*
      Pollic eremini,   *que vous promissiez.*
      Pollic erentur,   *qu'ils promissent.*

PARFAIT.

Pollic itus sim *ou* fuerim,   *que j'aie promis,* etc.

PLUS-QUE-PARFAIT.

Pollic itus essem *ou* fuissem, *que j'eusse promis,* etc.,
                           ou j'aurais promis.

INFINITIF.

PRÉSENT ET IMPARFAIT.

Pollic eri, *promettre.*

PARFAIT ET PLUS-QUE-PARFAIT. (*Il se décline.*)

Pollic itum, pollic itam esse ou fuisse, *avoir promis.*

FUTUR. (*Il se décline.*)

Pollic iturum, pollic ituram esse, *devoir promettre, qu'il promettra* ou *qu'il promettrait.*

FUTUR PASSÉ. (*Il se décline.*)

Pollic iturum, pollic ituram fuisse, *avoir dû promettre, qu'il aurait* ou *qu'il eût promis.*

PARTICIPE PRÉSENT.

Pollic ens, pollic entis, *promettant, qui promet* ou *qui promettait.*

PARTICIPE PASSÉ ACTIF.

Pollic itus, pollic ita, pollic itum, *ayant promis, qui a promis* ou *qui avait promis.*

PARTICIPE FUTUR ACTIF.

Pollic iturus, pollic itura, pollic iturum, *devant promettre, qui promettra.*

PARTICIPE FUTUR PASSIF.

Pollic endus, pollic enda, pollic endum, *qui doit être promis.*

SUPINS.

Pollic itum,	*à promettre.*
Pollic itu,	*à être promis.*

GÉRONDIFS.

Pollic endi,	*de promettre.*
Pollic endo,	*en promettant.*
Pollic endum, *à promettre* ou *pour promettre.*	

Ainsi se conjuguent *misereri, misereor,* avoir pitié ; *vereri, vereor,* craindre ; *fateri, fateor,* avouer.

§ 37. *Verbe déponent de la troisième conjugaison.*

Sur *Legor.*

INDICATIF.

PRÉSENT.

Sing.	Ut or,	*je me sers.*
	Ut eris *ou* ut ere,	*tu te sers.*
	Ut itur,	*il se sert.*
Plur.	Ut imur,	*nous nous servons.*
	Ut imini,	*vous vous servez.*
	Ut untur,	*ils se servent.*

IMPARFAIT.

Sing.	Ut ebar,	*je me servais.*
	Ut ebaris *ou* ut ebare,	*tu te servais.*
	Ut ebatur,	*il se servait.*
Plur.	Ut ebamur,	*nous nous servions.*
	Ut ebamini,	*vous vous serviez.*
	Ut ebantur,	*ils se servaient.*

PARFAIT.

Us us sum *ou* fui,   *je me suis servi*, etc.

PLUS-QUE-PARFAIT.

Us us eram *ou* fueram,   *je m'étais servi*, etc.

FUTUR.

Sing.	Ut ar,	*je me servirai.*
	Ut eris *ou* ut ere,	*tu te serviras.*
	Ut etur,	*il se servira.*
Plur.	Ut emur,	*nous nous servirons*
	Ut emini,	*vous vous servirez.*
	Ut entur,	*ils se serviront.*

FUTUR PASSÉ.

Us us ero *ou* fuero.   *je me serai servi*, etc.

IMPÉRATIF.

Point de première personne.

Sing.	Ut ere *ou* ut itor,	*sers-toi.*
	Ut itor (ille),	*qu'il se serve.*
Plur.	Ut amur,	*servons-nous.*
	Ut imini,	*servez-vous.*
	Ut untor,	*qu'ils se servent.*

SUBJONCTIF.

PRÉSENT.

Sing.	Ut ar,	*que je me serve.*
	Ut aris *ou* ut are,	*que tu te serves.*
	Ut atur	*qu'il se serve.*
Plur.	Ut amur,	*que nous nous servions.*
	Ut amini,	*que vous vous serviez.*
	Ut antur,	*qu'ils se servent.*

IMPARFAIT.

Sing.	Ut erer,	*que je me servisse* ou *je me servirais.*
	Ut ereris *ou* ut erere,	*que tu te servisses.*
	Ut eretur,	*qu'il se servît.*
Plur.	Ut eremur,	*que nous nous servissions.*
	Ut eremini,	*que vous vous servissiez.*
	Ut erentur,	*qu'ils se servissent.*

PARFAIT.

Us us sim *ou* fuerim, *que je me sois servi, etc.*

PLUS-QUE-PARFAIT.

Us us essem *ou* fuissem, *que je me fusse servi* ou *je me serais servi, etc.*

INFINITIF.

PRÉSENT ET IMPARFAIT.

Ut i, *se servir.*

PARFAIT ET PLUS-QUE-PARFAIT. (*Il se décline.*)

Us um, us am esse *ou* fuisse, *s'être servi.*

FUTUR. (*Il se décline.*)

Us urum, us uram esse, *devoir se servir, qu'il se servira*
　　　　　　　　　　　　ou *qu'il se servirait.*

FUTUR PASSÉ. (*Il se décline.*)

Us urum, us uram esse, *avoir dû se servir, qu'il se fût*
　　　　　　　　　　servi ou *qu'il se serait servi.*

PARTICIPE PRÉSENT.

Ut ens, ut entis, *se servant, qui se sert, qui se servait.*

PARTICIPE PASSÉ ACTIF.

Us us, us a, us um, *s'étant servi, qui s'est servi* ou *qui*
　　　　　　　　　　　　　　s'était servi.

PARTICIPE FUTUR ACTIF.

Us urus, us ura, us urum, *devant se servir, qui doit* ou
　　　　　　　　　　　　　devait se servir.

PARTICIPE FUTUR PASSIF.

Ut endus, ut enda, ut endum, *dont on doit se servir.*

SUPINS.

Us um,	*à se servir.*
Us u,	*à être employé.*

GÉRONDIFS.

Ut endi,	*de se servir.*
Ut endo,	*en se servant.*
Ut endum,	*à* ou *pour se servir.*

Ainsi se conjuguent *sequi, sequor*, suivre; *loqui, loquor*, parler; *ulcisci, ulciscor*, venger; *nasci, nascor*, naître.

---

§ 38. *Verbe déponent de la quatrième conjugaison.*
Sur *Audior.*

INDICATIF.

PRÉSENT.

Sing.	Bland ior,	*je flatte.*
	Bland iris *ou* bland ire,	*tu flattes.*
	Bland itur,	*il flatte.*

4.

Plur. Bland imur,　　　　　　*nous flattons*.
Bland imini,　　　　　　*vous flattez*.
Bland iuntur,　　　　　　*ils flattent*.

IMPARFAIT.

Sing.. Bland iebar,　　　　　　*je flattais*.
Bland iebaris *ou* bland iebare, *tu flattais*.
Bland iebatur,　　　　　　*il flattait*.
Plur. Bland iebamur,　　　　　*nous flattions*.
Bland iebamini,　　　　　*vous flattiez*.
Bland iebantur,　　　　　*ils flattaient*.

PARFAIT.

Bland itus sum *ou* fui,　　*j'ai flatté*, etc.

PLUS-QUE-PARFAIT.

Bland itus eram *ou* fueram, *j'avais flatté*, etc.

FUTUR.

Sing. Bland iar,　　　　　　*je flatterai*.
Bland ieris *ou* bland iere, *tu flatteras*.
Bland ietur,　　　　　　*il flattera*.
Plur. Bland iemur,　　　　　*nous flatterons*.
Bland iemini,　　　　　*vous flatterez*.
Bland ientur,　　　　　*ils flatteront*.

FUTUR PASSÉ.

Bland itus ero *ou* fuero,　*j'aurai flatté*, etc.

IMPÉRATIF.

Point de première personne.

Sing. Bland ire *ou* bland itor,　*flatte*.
Bland itor (ille),　　　　*qu'il flatte*.
Plur. Bland iamur,　　　　　*flattons*.
Bland imini,　　　　　*flattez*.
Bland iuntor,　　　　　*qu'ils flattent*.

SUBJONCTIF.

PRÉSENT.

Sing. Bland iar,　　　　　　*que je flatte*.
Bland iaris *ou* bland iare, *que tu flattes*.
Bland iatur,　　　　　*qu'il flatte*.

Plur. Bland iamur,   *que nous flattions.*
Bland iamini,   *que vous flattiez.*
Bland iantur,   *qu'ils flattent.*

IMPARFAIT.

Sing. Bland irer, *que je flattasse* ou *je flatterais.*
Bland ireris *ou* bland irere, *que tu flattasses.*
Bland iretur,   *qu'il flattât.*
Plur. Bland iremur,   *que nous flattassions*
Bland iremini,   *que vous flattassiez.*
Bland irentur,   *qu'ils flattassent.*

PARFAIT.

Bland itus sim *ou* fuerim, *que j'aie flatté*, etc.

PLUS-QUE-PARFAIT.

Bland itus essem *ou* fuissem, *que j'eusse flatté* ou *j'aurais flatté*, etc.

INFINITIF.

PRÉSENT ET IMPARFAIT.

Bland iri, *flatter.*

PARFAIT ET PLUS-QUE-PARFAIT. (*Il se décline.*)

Bland itum, bland itam esse, *avoir flatté.*

FUTUR. (*Il se décline.*)

Bland iturum, bland ituram esse, *devoir flatter, qu'il flattera* ou *flatterait.*

FUTUR PASSÉ. (*Il se décline.*)

Bland iturum, bland ituram fuisse, *avoir dû flatter, qu'il eût* ou *qu'il aurait flatté.*

PARTICIPE PRÉSENT.

Bland iens, bland ientis, *flattant, qui flatte* ou *qui flattait.*

PARTICIPE FUTUR ACTIF.

Bland iturus, bland itura, bland iturum, *devant flatter, qui flattera* ou *qui flatterait.*

SUPINS.

Bland itum,	à flatter.
Bland itu,	à être flatté.

GÉRONDIFS.

Bland iendi,	de flatter.
Bland iendo,	en flattant.
Bland iendum,	à flatter ou pour flatter.

Ainsi se conjuguent *largiri, largior,* donner ; *experiri, experior,* éprouver ; *metiri, metior,* mesurer ; *partiri, partior,* partager.

REMARQUE. Dans les Verbes déponents, la seconde personne de l'impératif est toujours semblable à la seconde personne du présent de l'indicatif en *re.*

Ajoutez *r* à la seconde personne de l'impératif, vous aurez l'imparfait du subjonctif : *imitare, imitarer; pollicere, pollicerer; utere, uterer; blandire, blandirer.*

§ 39. RÈGLE DES VERBES DÉPONENTS.

I. *Imitor patrem meum.*

Il y a des Verbes déponents qui gouvernent l'Accusatif.

Exemples : J'imite mon père, *imitor patrem meum;* vous avez promis une récompense, *pollicitus es mercedem.*

II. *Miserere pauperis.*

Il y a des Verbes déponents qui gouvernent le Génitif.

Ayez pitié du pauvre, *miserere pauperis.*

III. *Blanditur nutrici.*

Il y a des Verbes déponents qui gouvernent le Datif.

Il caresse *ou* il flatte la nourrice, *blanditur nutrici.*

IV. *Utor lacte.*

Il y a des Verbes déponents qui gouvernent l'Ablatif.

Je fais usage du lait, *utor lacte.*

Le dictionnaire indique à chaque Verbe déponent le cas qu'il régit.

§ **40.**   **VERBES NEUTRES.**

Les Verbes neutres se conjuguent comme les Verbes actifs, mais ils n'ont point de passif; comme *noceo*, je nuis à; *studeo*, j'étudie; *faveo*, je favorise.

La plupart des Verbes neutres gouvernent le Datif.

Exemples : Il nuit aux autres, *nocet aliis;* j'étudie la grammaire, *studeo grammaticæ;* vous favorisez la noblesse, *faves nobilitati.*

CINQUIÈME ESPÈCE DE MOTS.

§ **41.** PARTICIPES, GÉRONDIFS ET SUPINS.

I.

Les *Participes* sont des Adjectifs qui viennent des Verbes; ils s'accordent en genre, en nombre et en cas avec le Nom auquel ils sont joints, et de plus ils gouvernent le même cas que le Verbe d'où ils viennent : c'est pour cela qu'on les nomme *Participes*, parce qu'ils tiennent de l'Adjectif et du Verbe.

Exemples : L'enfant écoutant, devant écouter son maître; *puer audiens, auditurus magistrum suum.*

Un père étant aimé, devant être aimé de son fils : *pater amatus, amandus a filio suo.*

II. *Tempus legendi.*

De, entre un Nom et un Infinitif français, veut le Verbe latin au gérondif en *di.*

Exemple : Le temps de lire, *tempus legendi.*

III. *Ambulat legendo.*

En, avec le Participe présent, veut le Verbe latin au gérondif en *do*.

Exemple : Il se promène *en* lisant, *ambulat legendo*.

IV. *Legit ad discendum.*

Pour, devant un infinitif français, se rend en latin par *ad* avec le Gérondif en *dum*.

Exemple : Il lit *pour* apprendre, *legit ad discendum*.

V. *Res jucunda auditu.*

Après les Adjectifs agréable *à*, admirable *à*, facile *à*, l'infinitif français se rend en latin par le supin en *u*.

Exemple : Chose agréable *à* entendre, c'est-à-dire à être entendue, *res jucunda auditu*.

VI. *Eo lusum.*

Quand il y a en français deux Verbes de suite, et que le premier marque du mouvement, comme *aller*, *venir*, on met en latin le second au supin en *um*.

Exemple : Je vais jouer, *eo lusum*.

Les gérondifs et les supins gouvernent le même cas que les Verbes d'où ils viennent : Le temps d'étudier la grammaire, *tempus studendi grammaticæ*. (Le Verbe *studere* gouverne le Datif.)

J'irai les secourir, *ibo adjutum eos*.

SIXIÈME ESPÈCE DE MOTS,

§ 42.   **ADVERBES.**

L'*Adverbe* est un mot indéclinable qui se joint le plus souvent à un Verbe, et en détermine la signification.

Il y a différentes sortes d'Adverbes.

POUR MARQUER LE TEMPS.

Hodie, *aujourd'hui.*

Cras, *demain.*

Herì, *hier.*

Pridie, *le jour de devant.*

Postridie, *le lendemain.*

Perindie, *après-demain.*

POUR INTERROGER.

Cur? Quare? Quamobrem? Quid ita? *pourquoi?*

Quorsum? *à quoi bon cela?*

An? Anne? Num? *est-ce que?*

POUR ASSURER.

Etiam, Ita, *oui.*

Certè, Sanè, Profectò, Quidem, *assurément.* (*Quidem* ne se met qu'après un mot.)

Equidem, *certes.* (Se met en général pour *Ego quidem.*)

POUR NIER.

Non, Haud, *non, ne, ne point.*

Minimè, *point du tout.*

Nequaquam, Neutiquam, *nullement.*

POUR MARQUER LE DOUTE.

Forsan, Forsitan, Fortasse, *peut-être.*

Fortè, *par hasard.*

POUR MARQUER LA RESSEMBLANCE.

Ita, *ainsi.*

Quasi, *comme si.*

Quemadmodum, *de même que.*

Sic, Sicut, Sicuti, Velut, Veluti, Ut, Utì, *comme, de même que.*

Tanquam, *comme si, de même que si.*

POUR MARQUER L'UNION.

Simul, Unà, *ensemble.*

Pariter, *pareillement.*

Conjunctim, *conjointement.*

Universim, *généralement.*

POUR MARQUER LA DIVISION.

Alioqui (devant une consonne), Alioquin (devant une voyelle), *autrement, si cela n'était pas.*

Privatim, Seorsim, *en particulier, à part.*

POUR MONTRER.

En, Ecce, *voici, voilà.*

POUR EXHORTER.

Eia, Euge, *courage.*

Age, Agedum (au singulier); Agite, Agitedum (au pluriel); *eh bien, ferme, courage.*

POUR MARQUER LE DÉSIR.

Utinam, *plaise à Dieu que! Dieu veuille que!*

POUR MARQUER LA MANIÈRE.

Doctè, *savamment.*

Pulchrè, *bien.*

Fortiter, *vaillamment, etc.*

Plusieurs Adverbes ont un comparatif et un superlatif, comme :

Doctè, *doctement,*	Doctiùs, *plus doctement,*	Doctissimè, *très-doctement.*
Citò, *vite,*	Citiùs, *plus vite,*	Citissimè, *très-vite.*

Bene,	Meliùs,	Optimè,
bien,	*mieux,*	*très-bien.*
Malè,	Pejùs,	Pessimè,
mal,	*plus mal,*	*très-mal.*
Sæpè,	Sæpiùs,	Sæpissimè,
souvent,	*plus souvent,*	*très-souvent.*
Prope,	Propiùs,	Proximè,
proche,	*plus proche,*	*très-proche,* etc.

Nuper,	{	Nuperrimè,
récemment,	} *Sans comparatif,*	{ *tout récemment.*
Sans positif,	{ Potiùs,	Potissimè,
	{ *plutôt,*	*principalement.*

§ 43. RÉGIME DE PLUSIEURS ADVERBES.

Les Adverbes de quantité veulent le Génitif.

Peu de vin, *parum vini.*

Un peu de délai, *paululùm moræ.*

Beaucoup d'eau, *multùm aquæ.*

Assez de paroles, *satìs verborum.*

Trop de piéges, *nimis insidiarum.*

Assez d'autres, *affatim aliorum.*

Les Adverbes de temps et de lieu veulent le Génitif.

Nulle part, en aucun lieu du monde, *nusquam gentium.*

En quel lieu du monde? *ubi terrarum? ubinam gentium?*

Pridie, postridie, veulent le Génitif ou l'Accusatif.

Le jour de devant les Calendes, *pridie Calendarum*

ou *Calendas* (sous-entendu *ante*).

Le jour d'après les Ides, *postridie Iduum* ou *Idus* (sous-entendu *post*).

En, Ecce, voici, voilà, veulent le Nominatif ou l'Accusatif.

Voici, voilà le loup, *en, ecce lupus* ou *lupum* : avec le Nominatif, on sous-entend *adest*; avec l'Accusatif, on sous-entend *aspice.*

Ergo, employé pour *causá,* veut le Génitif, et se met après son régime: A cause de lui, *illius ergo.*

Instar, comme, veut de même le Génitif, et se met après son régime: Comme une montagne, *montis instar.*

Obviàm, au-devant, veut le Datif : Aller au-devant de quelqu'un, *ire obviàm alicui.*

SEPTIÈME ESPÈCE DE MOTS.

§ 44. PRÉPOSITIONS.

La *Préposition* est un mot indéclinable qui, joint à un Nom ou à un Pronom, veut ce Nom ou Pronom à l'Accusatif ou à l'Ablatif.

1. Il y a trente Prépositions qui gouvernent l'Accusatif:

SAVOIR :

Ad, *auprès, chez, pour.*
Adversùm, adversùs, *contre, vis-à-vis.*
Ante, *devant, avant.*
Apud, *auprès, chez.*
Circà, *auprès, environ.*
Circiter, *environ, à peu près.*
Circùm, *autour, à l'entour.*
Cis, Citra, *deçà, en-deçà.*
Contra, *contre, vis-à-vis, à l'opposite.*
Erga, *envers, à l'égard de.*
Extra, *hors, outre, excepté.*
Infra, *sous, au-dessous.*
Inter, *entre, parmi.*
Intrà, *dans, au-dedans, dans l'espace de.*
Juxta, *auprès, proche.*
Ob, *pour, devant, à cause de.*
Prope, *proche, près de, auprès.*
Penès, *en la puissance de.*
Per, *par, durant, au travers de, pendant.*
Ponè, *après, derrière, par derrière.*
Post, *après, depuis.*
Præter, *excepté, hormis, outre.*
Propter, *pour, à cause de.*
Secundùm, *selon, suivant, auprès de, le long de.*
Secùs, *auprès de, le long de.*
Supra, *sur, au-dessus de.*
Trans, *au-delà, par-delà.*
Versùs, *vers, du côté de.*
Ultra, *au-delà, par-delà.*
Usque, *jusqu'à.*

2. Il y a douze Prépositions qui gouvernent l'Ablatif.

SAVOIR :

A, Ab, Abs, *de, du, des, depuis, par.*
Absque, Sinè, *sans.*
Clam, *à l'insu de.*
Coràm, *devant, en présence de.*
Cum, *avec.*
De, *de, sur* ou *touchant.*
E, Ex, *de, par.*
Palàm, *devant, en présence de.*
Præ, *devant, en comparaison de, au-dessus de.*
Pro, *pour, au lieu de, selon, devant.*
Tenus, *jusqu'à.*

3. Les quatre Prépositions suivantes veulent l'Accusatif, quand elles sont jointes à un Verbe de mouvement ; et elles gouvernent l'Ablatif, quand elles sont
jointes à un Verbe de repos.

In, *en, dans, sur*.	Sub, *sous, au-dessous de*.
Subter, *sous, au-dessous de*.	Super, *sur, au-dessus de*.

OBSERVATIONS.

4. Trois Prépositions se mettent après leur régime,
savoir :

1° Cum, *avec*, se met après les Pronoms *ego, tu,
sui, nos*, et *qui, quæ, quod*. Ainsi on dit : mecum,
avec moi ; tecum, *avec vous* ; secum, quocum.

2° Tenus, *jusqu'à*, veut l'Ablatif, lorsque son régime est singulier : Capulo tenus, *jusqu'à la garde* ;
mais il veut le Génitif quand son régime est au pluriel : Aurium tenus, *jusqu'aux oreilles*.

3° Versùs, *vers* : Orientem versùs, *vers l'Orient* ;
on sous-entend *ad*.

HUITIÈME ESPÈCE DE MOTS.

§ 45.   CONJONCTIONS.

La *Conjonction* est un mot indéclinable qui sert à
lier les parties du discours.

Il y a différentes sortes de Conjonctions.

1° POUR JOINDRE.

Et, que, quoque, etiam, atque, ac, *et, aussi*. (*Que* ne
se met qu'après un mot.)
Præterea, *outre cela*.
Cum, (*ou plutôt* quum), tum,
non-seulement, mais encore.

2° POUR SÉPARER.

Aut, vel, ve, *ou, ou bien*.
  (*Ve* ne se met qu'après un
mot.)

Sive, *soit que* ; sicut, *comme*.
Nec, neque, *ne, ni, non plus*.

3° POUR CONCLURE.

Ergo, igitur, *donc*.
Ideo, idcirco, itaque, *c'est
pourquoi, c'est pour cela
que*.

4° POUR FAIRE DISTRIBUTION
OU OPPOSITION.

Sed, sed enim, at, atqui,
porrò, autem, verò, *mais*.

(*Autem* et *verò* ne se mettent qu'après un mot.)
Etsi, etiamsi, licèt, quan-
quam, quamvìs, tametsi,
bien que, quoique.
Quum, ut, *quoique, quand
bien même.*
Imò, imò verò, quin, quin
etiam, quin potiùs, *mais,
mais au contraire, qui plus
est.*

5° POUR RENDRE RAISON.

Nam, namque, enim, et-
enim, car. (*Enim* ne se
met qu'après un mot.)
Quòd, quia, propterea quòd,
quoniam, *parce que, puisque.*

Quum, *lorsque, puisque.*
Ut, *afin que.*
Ne, *de peur que ne.*
Ita ut, sic ut, *de sorte que,
tellement que.*

6° CONDITIONNELLES.

Dum, dummodo, *pourvu que.*
Modò ne, *pourvu que ne.*
Si, si modò, *si;* sin, *sinon.*
Sin minùs, sin aliter, *sinon,
si cela n'était pas.*
Nisi, *sinon que, si ce n'est que,
à moins que.*

7° POUR MARQUER
LE DOUTE.

An, num, utrùm, ne, *si.*
(*Ne* se met après un mot.)

RÈGLE DES CONJONCTIONS.

Quelques Conjonctions gouvernent le subjonctif,
d'autres gouvernent l'indicatif : le régime de chacune
est indiqué dans le dictionnaire. *Voyez* Conjonctions
françaises, ci-après, page 224.

NEUVIÈME ESPÈCE DE MOTS.

§ 46.   INTERJECTION.

L'*Interjection* est un mot indéclinable qui sert à
marquer les différents mouvements de l'âme.

Pour marquer la joie.	O! evax! *oh! ah!*
Pour la douleur.	Hei! heu! ah! *hélas! ha, ha!*
Pour l'indignation.	Pro! heu! ô! oh! ah!
Pour l'admiration.	Papæ! hui! ô! ah! oh! ho!
Pour menacer.	Hei! væ! *malheur à.*

L'usage apprendra les autres.

SUPPLÉMENT AUX DÉCLINAISONS.

§ 47.   PREMIÈRE DÉCLINAISON.

1° Il y a huit Noms de la première Déclinaison qui ont le Datif et l'Ablatif pluriel en *abus*, comme :

PLURIEL.

Nom.	Famul æ,	les Servantes.
Gén.	Famul arum,	des Servantes.
Dat.	Famul abus,	aux Servantes.
Acc.	Famul as,	les Servantes.
Voc.	o Famul æ,	ô Servantes.
Abl.	Famul abus,	des Servantes.

Déclinez de même *anima, equa, filia, asina, mula, nata, dea.* Par cette terminaison en *abus*, on distingue ces Noms féminins des masculins qui y répondent[1], *famulus, animus, equus, filius. asinus, mulus, natus, Deus.*

2° Il y a des Noms de la première Déclinaison, dont le Nominatif est en *e*, qui font au Génitif *es*, à l'Accusatif *en*, comme :

SINGULIER.

Nom.	Music e,	la Musique.
Gén.	Music es,	de la Musique.
Dat.	Music æ,	à la Musique.
Acc.	Music en,	la Musique.
Voc.	o Music e,	ô Musique.
Abl.	Music e,	de la Musique.

Déclinez de même *grammatice, ces,* la grammaire; *epitome més,* abrégé; *Cybele, les,* Cybèle, déesse des païens; *rhetorice, ces,* la rhétorique.

3° Il y a des Noms masculins dont le Nominatif est en *es*, qui font au Génitif *æ*, à l'Accusatif *en*, comme :

---

[1] On dit *Deabus* et *Filiabus*, quand il est nécessaire de distinguer le féminin du masculin, et que la terminaison *is* ferait équivoque. Mais on ne trouve aucun exemple de *animabus*; et *asinabus, equabus, mulabus, natabus* ne sont pas à imiter.

SINGULIER.

Nom.	Comet es,	*la Comète.*
Gén.	Comet æ,	*de la Comète.*
Dat.	Comet æ,	*à la Comète.*
Acc.	Comet en,	*la Comète.*
Voc.	o Comet e,	*ó Comète.*
Abl.	Comet e,	*de la Comète.*

4° Il y a des Noms également masculins dont le Nominatif est en *as*, qui font à l'Accusatif *an*, comme :

SINGULIER.

Nom.	Æne as,	*Énée,* (nom d'homme).
Gén.	Æne æ,	*d'Énée.*
Dat.	Æne æ,	*à Énée.*
Acc.	Æne an,	*Énée.*
Voc.	o Æne a,	*ó Énée.*
Abl.	Æne â,	*d'Énée.*

Le pluriel de tous ces Noms se décline comme *rosæ, rosarum* ; mais les Noms propres n'ont point de pluriel.

REMARQUE. Le Nom *familia* fait aussi au Génitif *familiás :* un père de famille, *pater-familiás;* un fils de famille, *filius-familiás.*

§ 48.   DEUXIÈME DÉCLINAISON.

Il y a des Noms de la seconde Déclinaison qui ont le Vocatif en *i*, comme :

SINGULIER.

Nom.	Fil ius,	*le Fils.*	
Gén.	Fil ii,	*du Fils.*	
Dat.	Fil io,	*au Fils.*	(Le pluriel comme
Acc.	Fil ium,	*le Fils.*	*Domini, Dominorum.*)
Voc.	o Fil i,	*ó Fils.*	
Abl.	Fil io,	*du Fils.*	

Déclinez de même *Genius*, et les Noms propres en *ius :* Antonius, nii, *Antoine;* Horatius, tii, *Horace;* Pompeius, peii, *Pompée;* Virgilius, lii, *Virgile.*

Les Noms *Deus, agnus* et *chorus*, ont le Vocatif semblable au Nominatif.

SINGULIER.

Nom.	De us,	Dieu.
Gén.	De i,	de Dieu.
Dat.	De o,	à Dieu.
Acc.	De um,	Dieu.
Voc.	o De us,	ó Dieu.
Abl.	De o,	de Dieu.

LE PLURIEL (chez les païens).

Nom.	Di i,	les Dieux.
Gén.	De orum,	des Dieux.
Dat.	Di is,	aux Dieux.
Acc.	De os,	les Dieux.
Voc.	o Di i,	ó Dieux.
Abl.	Di is,	des Dieux.

Nom de la seconde Déclinaison, tiré du grec.

SINGULIER.

Nom.	Orph eus,	Orphée, (nom d'homme.)
Gén.	Orph ei ou Orph eos,	d'Orphée.
Dat.	Orph eo,	à Orphée.
Acc.	Orph eum, a,	Orphée.
Voc.	o Orph eu,	ó Orphée.
Abl.	Orph eo,	d'Orphée.

Déclinez de même *Perseus*, Persée; *Theseus*, Thésée; *Morpheus*, Morphée.

§ 49.   TROISIÈME DÉCLINAISON.

Il y a des Noms de la troisième Déclinaison qui ont l'Accusatif singulier en *im*, comme:

SINGULIER.

Nom.	Secur is,	la Hache.
Gén.	Secur is,	de la Hache.
Dat.	Secur i,	à la Hache.
Acc.	Secur im,	la Hache.
Voc.	o Secur is,	ó Hache.
Abl.	Secur i,	de la Hache.

Déclinez de même *sitis*, la soif; *tussis*, la toux; *pelvis*, un bassin; *vis, vis,* la force : les Noms de fleuves en *is,* comme *Tiberis,* le Tibre; *Tigris,* le Tigre; *Araris,* la Saône.

Les Noms *clavis, sementis,* ont l'Accusatif en *em* ou en *im. Puppis, aqualis, restis, febris, turris,* font plutôt à l'Accusatif *puppim* que *puppem,* etc. Au contraire, *navis, strigilis,* font plutôt *navem* que *navim,* etc.

L'Ablatif singulier de la troisième Déclinaison se forme de l'Accusatif en retranchant *m.* Ainsi il y a des Noms de la troisième Déclinaison qui font l'Ablatif singulier en *i,* comme *securi, siti,* etc.

De plus, les Noms neutres dont le Nominatif est en *e,* ou en *al,* ou en *ar,* font l'Ablatif singulier en *i,* comme·

SINGULIER.

Nom.	Cubil e,		le *Lit.*
Gén.	Cubil is,		*du Lit.*
Dat.	Cubil i,		*au Lit.*
Acc.	Cubil e,		*le Lit.*
Voc.	o Cubil e,		*ó Lit.*
Abl.	Cubil i,		*du Lit.*

Les Noms neutres qui ont l'Ablatif en *i* ont le pluriel en *ia,* comme :

PLURIEL.

Nom.	Cubil ia,		les *Lits.*
Gén.	Cubil ium,		*des Lits.*
Dat.	Cubil ibus,		*aux Lits.*
Acc.	Cubil ia,		*les Lits.*
Voc.	o Cubil ia,		*ó Lits.*
Abl.	Cubil ibus,		*des Lits.*

Il y a des Noms de la troisième Déclinaison qui ont le Génitif pluriel en *ium;* savoir :

1° Les Noms qui ont l'Ablatif singulier en *i,* comme *cubilium, securium,* etc.

2° Les Noms en *es* et en *is,* qui n'ont pas plus de syllabes au Génitif qu'au Nominatif, comme *clades, cladis*, *mensis*, *mensis*, etc., ont le Génitif pluriel en *ium*, quoiqu'ils aient l'Ablatif en *e*.

3° Les monosyllabes, c'est-à-dire ceux qui n'ont qu'une seule syllabe au Nominatif, comme *ars*, *lis*, *dos*, *nox*, etc., ont la plupart le Génitif pluriel en *ium*. — L'usage apprendra les exceptions.

Les Noms neutres terminés en *ma* ont un double Datif et Ablatif pluriel.

SINGULIER.

Nom.	Poem a,		*le Poëme.*
Gén.	Poem atis,		*du Poëme.*
Dat.	Poem ati,		*au Poëme.*
Acc.	Poem a,		*le Poëme.*
Voc.	o Poem a,		*ó Poëme.*
Abl.	Poem ate,		*du Poëme.*

PLURIEL.

Nom.	Poem ata,		*les Poëmes.*
Gén.	Poem atum,		*des Poëmes.*
Dat.	Poem atis *ou*	Poem atibus,	*aux Poëmes.*
Acc.	Poem ata,		*les Poëmes.*
Voc.	o Poem ata,		*ó Poëmes.*
Abl.	Poem atis *ou*	Poem atibus,	*des Poëmes.*

Déclinez ainsi *ænigma*, *matis*, énigme; *diadema*, *matis*, diadème; *dogma*, *matis*, dogme; *stratagema*, *matis*, stratagème.

Le Nom *bos*, *bovis*, fait au pluriel : Nom. *Boves*, Gén. *Boum*, Dat. *Bobus*, Acc. *Boves*, Voc. o *Boves*, Abl. *Bobus*.

NOMS *de la troisième déclinaison, tirés du grec, en* esis, isis.

SINGULIER.

Nom.	Hæres is,		*l'Hérésie.*
Gén.	Hæres is *ou* Hæres eos,		*de l'Hérésie.*
Dat.	Hæres i,		*à l'Hérésie.*
Acc.	Hæres im *ou* Hæres in,		*l'Hérésie.*
Voc.	o Hæres is,		*ó Hérésie.*
Abl.	Hæres i,		*de l'Hérésie.*

Nom.	Hæres es,	les Hérésies.
Gén.	Hæres eon,	des Hérésies.
Dat.	Hæres ibus,	aux Hérésies.
Acc.	Hæres es,	les Hérésies.
Voc.	o Hæres es,	ó Hérésies.
Abl.	Hæres ibus,	des Hérésies.

Ainsi se déclinent *poesis*, la poésie; *thesis*, la thèse; *Genesis*, la Genèse; *phrasis*, la phrase.

AUTRE NOM.

SINGULIER.

Nom.	Her os,	le Héros.
Gén.	Her ois,	du Héros.
Dat.	Her oi,	au Héros.
Acc.	Her oem *ou* Her oa,	le Héros.
Voc.	o Her os,	ó Héros.
Abl.	Her oe,	du Héros.

PLURIEL.

Nom.	Her oes,	les Héros.
Gén.	Her oum,	des Héros.
Dat.	Her oibus,	aux Héros.
Acc.	Her oes *ou* Her oas,	les Héros.
Voc.	o Her oes,	ó Héros.
Abl.	Her oibus,	des Héros.

Ainsi se déclinent les Noms grecs, 1° en *as*, comme *Pallas, Pal-ladis*, Acc. *adem* ou *ada*; *Arcas, Arcadis*, Acc. *adem* ou *ada*.

2° En *er* : *aer, aeris*, l'air, Acc. *aerem* ou *aera*; *œther, œthe-ris*, Acc. *œtherem* ou *œthera*; *crater, crateris*, coupe.

3° En *is*, *idis* : comme *iris, iridis*, arc-en-ciel, Acc. *iridem* ou *irida*; on dit aussi *irim* : *Phillis, lidis*, nom de femme, Acc. *Phil-lidem* ou *ida* : mais les Noms masculins en *is*, *idis*, font mieux *im* ou *in*, comme *Daphnis*, Acc. *Daphnim* ou *Daphnin*; *Paris*, Acc. *Parim* ou *Parin*.

Tigris, tigridis, le tigre, fait seulement à l'Accusatif *tigrin*, *tigrim* ou *tigridem*.

4° En *yx, ygis, Phryx, Phrygis*, Phrygien, Acc. *Phrygem* ou *Phryga*.

5° Les Noms de pays en *o*, *onis*, comme *Macedo, Macedonis*, Macédonien, Acc. *Macedonem* ou *Macedona*.

REMARQUE. Les Accusatifs singuliers en *a* ne se disent guère

5

qu'en poésie ; mais les Accusatifs pluriels en *as* sont plus usités partout.

§ 50.   QUATRIÈME DÉCLINAISON.

JESUS, Nom de notre Sauveur, fait à l'Accusatif *Jesum,* et à tous les autres cas il fait *Jesu.*

Les neuf Noms suivants font *ubus* au Datif et à l'Ablatif pluriels : *arcus,* un arc, *arcubus* ; *artus,* les membres du corps, *artubus* ; *lacus,* un lac, *lacubus* ; *tribus,* une tribu, *tribubus* ; *portus,* un port, *portubus* ; *quercus,* un chêne, *quercubus* ; *specus,* une caverne, *specubus* ; *partus,* l'enfantement, *partubus* ; *veru,* une broche, *verubus.*

NOM IRRÉGULIER.

SINGULIER.

Nom.	Dom us,	la *Maison.*
Gén.	Dom ùs *et* Dom i,	de la *Maison.*
Dat.	Dom ui *et* Domo,	à la *Maison.*
Acc.	Dom um,	la *Maison.*
Voc.	o Dom us,	ó *Maison.*
Abl.	Dom o,	de la *Maison.*

PLURIEL.

Nom.	Dom us,	les *Maisons.*
Gén.	Dom uum *et* Dom orum,	des *Maisons.*
Dat.	Dom ibus,	aux *Maisons.*
Acc.	Dom us *et* Dom os,	les *Maisons.*
Voc.	o Dom us,	ó *Maisons.*
Abl.	Dom ibus,	des *Maisons.*

L'usage apprendra les autres exceptions.

---

51. REMARQUE *sur les Noms composés.*

Si le Nom est composé de deux Nominatifs, chaque nom se décline dans tous les cas.

Exemple : Respublica, *la République,* G. Reipu-

blicæ, *D.* Reipublicæ, *Acc.* Rempublicam, *Abl.* Re-
publicâ. *De même* jusjurandum, jurisjurandi, juriju-
rando, etc.

Mais si le Nom est composé d'un Nominatif et d'un
autre cas, on ne décline que celui qui est au Nominatif.

Exemple : Pater-familiâs, *G.* patris-familiâs, *D.*
patri-familiâs.

---

§ 52.   NOMS DE NOMBRE.

Les Noms de Nombre servent à compter ou à ran-
ger les choses.

Il y a deux sortes de Noms de Nombre : le *Nombre
cardinal* marque simplement le nombre, comme *unus,
duo, tres,* un, deux, trois ; le *Nombre ordinal* marque l'ordre et le rang de chaque chose, comme *primus, secundus, tertius,* le premier, le second, le troisième.

Nombres cardinaux.

SINGULIER.

Nom.	Unus, una, unum, *un, une, un.*
Gén.	Unius, ⎱
Dat.	Uni, ⎰ de tout genre.
Acc.	Unum, unam, unum.
Abl.	Uno, unâ, uno.

REMARQUE. Ainsi se déclinent : 1° Ullus, ulla, ullum, *aucun,
aucune,* sans négation ; *Gén.* ullius ; *Dat.* ulli ; *Acc.* ullum, ullam,
ullum ; *Abl.* ullo, ullâ, ullo.

2° Nullus, nulla, nullum, *aucun, aucune, pas un; Gén.* nul-
lius, etc.

3° Solus, sola, solum, *seul, seule; Gén.* solius, *Dat.* soli ; *Acc.*
solum, solam, solum ; *Abl.* solo, solâ, solo.

4° Totus, tota, totum, *tout, toute; Gén.* totius; *Dat.* toti, etc.

5° Alius, alia, aliud, *autre; Gén.* alius ; *Dat.* alii.

6° Alter, altera, alterum, *autre; Gén.* alterius ; *Dat.* alteri.

7° Uter, utra, utrum, *lequel des deux; Gén.* utrius ; *Dat.* utri.

Neuter, neutra, neutrum, *ni l'un ni l'autre; Gén.* neutrius;
Dat. neutri.

Uterque, utraque, utrumque, *l'un et l'autre; Gén.* utriusque;
Dat utrique.

Alteruter, alterutra, alterutrum, *l'un ou l'autre; Gén.* alter-
utrius; *Dat.* alterutri.

PLURIEL.

Nom.	Duo,	duæ,	duo,	*deux.*
Gén.	Duorum,	duarum,	duorum,	*de deux.*
Dat.	Duobus,	duabus,	duobus,	*à deux.*
Acc.	Duos *ou* duo,	duas,	duo,	*deux.*
Abl.	Duobus,	duabus,	duobus,	*de deux.*

Ainsi se décline *ambo, ambœ, ambo,* les deux, tous deux.

PLURIEL.

Nom.	Tres,	tres,	tria,	*trois.*
Gén.	Trium,	de tout genre.		
Dat.	Tribus,			
Acc.	Tres,	tres,	tria,	
Abl.	Tribus,	(de tout genre).		

Les autres Noms de nombre jusqu'à cent[1] sont indéclinables : *quatuor,* quatre; *quinque,* cinq; *sex,*
six; *septem,* sept; *octo,* huit; *novem,* neuf.

---

§ 53.   SUPPLÉMENT AUX ADJECTIFS.

On distingue dans les Adjectifs et les adverbes trois
degrés de signification, le *Positif,* le *Comparatif* et
le *Superlatif.*

Le positif n'est autre chose que l'Adjectif ou l'Adverbe simple, comme saint, saintement, *sanctus,
sanctè.*

Le comparatif est la signification de l'Adjectif ou
de l'Adverbe dans un plus haut degré, comme *plus*
saint, *plus* saintement, *sanctior, sanctiùs.* On connaît le comparatif quand il y a *plus* devant un Adjectif ou un Adverbe.

---

[1] Au-dessous de *cent,* quand il y a deux mots pour exprimer un nombre, le plus petit nombre se met le premier : ainsi l'on dit *unus et viginti, duo et viginti, tres et viginti,* etc.

Le superlatif est la signification de l'Adjectif ou de l'Adverbe dans le plus haut degré, comme *le plus saint*, *le plus* saintement, *sanctissimus*, *sanctissimè*.

On connaît le superlatif quand, devant un Adjectif ou un Adverbe, il y a *le plus*, *la plus*, *bien*, *très*, *fort*, etc. C'est encore un superlatif quand, devant *plus*, il y a *mon*, *ton*, *son*, *notre*, *votre* : comme *mon plus* fidèle ami.

Le comparatif latin se forme du cas de l'Adjectif terminé en *i*, auquel on ajoute *or* pour le masculin et le féminin, et *us* pour le neutre et pour le comparatif Adverbe. Ainsi, du Génitif *sancti*, on formera *sanctior*, masc. et fém., *sanctius*, neutre; du Datif *forti*, on formera *fortior*, masc. et fém. *fortius*, neutre. *Sanctior* se décline sur *Soror*, et *sanctius* comme *Corpus*.

Le superlatif latin se forme aussi du cas de l'Adjectif terminé en *i*, auquel on ajoute *ssimus*, *ssima*, *ssimum*; et pour le superlatif Adverbe, on ajoute *ssimè* : ainsi, du Génitif *sancti*, on formera *sanctissimus*, *a*, *um*, et *sanctissimè* : du Datif *forti*, on formera *fortissimus*, *a*, *um*, et *fortissimè*.

§ 54.   *OBSERVATIONS.*

1° Les Adjectifs en *er* forment leur superlatif du Nominatif masculin en ajoutant *rimus* : *pulcher*, *pulcherrimus*, *rima*, *rimum*.

2° Quelques Adjectifs en *lis*, comme *facilis*, *difficilis*, *humilis*, *similis*, *gracilis*, *imbecillis*, forment leur superlatif en *illimus*; comme *facilis*, *facillimus* (mais *utilis* fait *utilissimus* régulièrement).

3° Les Adjectifs en *dicus*, *ficus*, *volus*, comme *maledicus*, *mirificus*, *benevolus*, forment leur comparatif en *entior*, et leur superlatif en *entissimus*.

EXEMPLES. — *Maledicus*, Comp. *maledicentior*,

Sup. *maledicentissimus*; *benevolus*, Comp. *benevo-
lentior*, Sup. *benevolentissimus*.

4° Les quatre Adjectifs suivants forment leurs com-
paratifs et superlatifs très-irrégulièrement : *bonus*,
bon, *melior*, meilleur, *optimus*, très-bon ; *malus*,
mauvais, *pejor*, pire, *pessimus*, très-mauvais ; *mag-
nus*, grand, *major*, plus grand, *maximus*, très-
grand ; *parvus*, petit, *minor*, plus petit, *minimus*,
très-petit.

Remarque. Les Adjectifs terminés en *ius*, *eus*, *uus*, n'ont ni comparatif ni superlatif : alors on exprime *plus* par *magis* avec le positif, et *le plus* par *maximè*. *Pius*, pieux, *magis pius*, plus pieux,
maximè pius, très-pieux.

§ 55.   RÈGLE DES COMPARATIFS.

Doctior Petro.

Le comparatif veut à l'Ablatif le Nom qui suit, en
supprimant le *que* : Plus savant que Pierre, *doctior
Petro*. On peut aussi exprimer le *que* par *quàm*, et
mettre après même cas que devant : Paul est plus savant que Pierre, *Paulus est doctior quàm Petrus*.

§ 56.   RÈGLE DES SUPERLATIFS,

Altissima arborum, ou *ex arboribus*,
ou *inter arbores*.

Le superlatif veut le Nom pluriel suivant au Génitif, ou à l'Ablatif avec *e* ou *ex*, ou à l'Accusatif avec
inter.

Exemple : Le plus haut des arbres, *altissima arborum*, ou *ex arboribus*, ou *inter arbores*.

Remarque. Le superlatif prend le genre du Nom *pluriel* qui suit :
altissima est du féminin, parce que son régime *arborum* est du
féminin.

§ 57.　SUPPLÉMENT AUX VERBES

VERBES IRRÉGULIERS.

On appelle *Irréguliers* les Verbes qui, dans quelques-uns de leurs temps ou en quelques-unes de leurs personnes, se conjuguent autrement que les quatre dont nous avons parlé.

VERBE NEUTRE PASSIF

De la seconde conjugaison.

On l'appelle *Neutre passif*, parce qu'il a le parfait et les temps qui en sont formés terminés en *us*, comme le passif. Il se conjugue comme *moneo*, excepté les parfaits qui se conjuguent comme *monitus sum*, etc. C'est pourquoi on a indiqué seulement les premières personnes de chaque temps.

INDICATIF.

PRÉSENT.	Gaudeo,	*je me réjouis*, etc.
IMPARFAIT.	Gaudebam,	*je me réjouissais*, etc.
PARFAIT.	Gavisus sum *ou* fui,	*je me suis réjoui*, etc.
PLUS-QUE-PARF.	Gavisus eram *ou* fueram,	*je m'étais réjoui*, etc.
FUTUR.	Gaudebo,	*je me réjouirai*, etc.
FUTUR PASSÉ.	Gavisus ero *ou* fuero,	*je me serai réjoui*, etc.

IMPÉRATIF.

Gaude *ou* gaudeto,　　*réjouis-toi*, etc.

SUBJONCTIF.

PRÉSENT.	Gaudeam, *que je me réjouisse*, etc.
IMPARFAIT.	Gauderem, *que je me réjouisse ou je me réjouirais*, etc.
PARFAIT.	Gavisus sim *ou* fuerim, *que je me sois réjoui*, etc.
PLUS-QUE-PARF.	Gavisus essem *ou* fuissem, *que je me fusse réjoui*, etc.

INFINITIF.

PRÉSENT ET IMPARFAIT.

Gaudere, *se réjouir.*

PARFAIT ET PLUS-QUE-PARFAIT.

Gavisum esse *ou* **fuisse,** *s'être réjoui.*

FUTUR.

Gavisurum esse, *devoir se réjouir, qu'il se réjouira.*

FUTUR PASSÉ.

Gavisurum fuisse, *avoir dû se réjouir.*

PARTICIPE PRÉSENT.

Gaudens, gaudentis, *se réjouissant.*

PARTICIPE PASSÉ.

Gavisus, gavisa, gavisum, *s'étant réjoui.*

PARTICIPE FUTUR.

Gavisurus, gavisura, gavisurum, *devant se réjouir.*

SUPINS.

Gavisum,	*se réjouir.*
Gavisu,	*à se réjouir.*

GÉRONDIFS.

Gaudendi,	*de se réjouir.*
Gaudendo,	*en se réjouissant.*
Gaudendum,	*à se réjouir* ou *pour se réjouir.*

Ainsi se conjuguent *audere, audeo, ausus sum,* oser; *solere, soleo, solitus sum,* avoir coutume.

---

§ 58. **VERBES IRRÉGULIERS**

De la troisième conjugaison.

INDICATIF.

PRÉSENT.

Sing.	**Fero,**	*je porte.*
	Fers,	*tu portes.*
	Fert,	*il porte.*

Plur.	Ferimus,	*nous portons.*
	Fertis,	*vous portez.*
	Ferunt,	*ils portent.*
IMPARFAIT.	Ferebam,	*je portais,* etc.
PARFAIT.	Tuli,	*j'ai porté,* etc.
PLUS-QUE-PARF.	Tuleram,	*j'avais porté,* etc.
FUTUR.	Feram,	*je porterai,* etc.
FUTUR PASSÉ.	Tulero,	*j'aurai porté,* etc.

IMPÉRATIF.

Sing.	Fer *ou* ferto,	*porte.*
	Ferto (ille),	*qu'il porte.*
Plur.	Feramus,	*portons.*
	Ferte *ou* fertote,	*portez.*
	Ferunto,	*qu'ils portent.*

SUBJONCTIF.

PRÉSENT.	Feram,	*que je porte,* etc.
IMPARFAIT.	Ferrem,	*que je portasse* ou *je porte-rais,* etc.
PARFAIT.	Tulerim,	*que j'aie porté,* etc.
PLUS-QUE-PARF.	Tulissem,	*que j'eusse porté* ou *j'aurais porté,* etc.

INFINITIF.

PRÉSENT ET IMPARFAIT.

Ferre, *porter.*

PARFAIT ET PLUS-QUE-PARFAIT.

Tulisse, *avoir porté.*

FUTUR

Laturum esse, *devoir porter, qu'il portera* ou *qu'il porterait.*

FUTUR PASSÉ.

Laturum fuisse, *avoir dû porter, qu'il aurait porté.*

PARTICIPE PRÉSENT.

Ferens, *portant.*

PARTICIPE FUTUR.

Laturus, latura, laturum, *devant porter.*

SUPIN.

Latum,   *porter.*

GÉRONDIFS.

Ferendi,   de porter.
Ferendo,   en portant.
Ferendum,   à porter ou pour porter.

Ainsi se conjuguent les composés de *fero*, comme *offero, offers, obtuli, oblatum, offerre*, offrir ; *differo, differs, distuli, dilatum, differre*, différer, etc.

---

§ 59   PASSIF, *FEROR.*

INDICATIF.

PRÉSENT.

Sing. Feror,   je suis porté.
       Ferris ou ferre,   tu es porté.
       Fertur,   il est porté.
Plur. Ferimur,   nous sommes portés.
       Ferimini,   vous êtes portés.
       Feruntur,   ils sont portés.
IMPARFAIT.   Ferebar,   j'étais porté, etc.
PARFAIT..   Latus sum ou fui, j'ai été porté, etc.
PLUS-QUE-PARF. Latus eram ou fueram, j'avais été porté, etc.
FUTUR.   Ferar,   je serai porté, etc.
FUTUR PASSÉ. Latus ero ou fuero, j'aurai été porté, etc.

IMPÉRATIF.

Sing. Ferre ou fertor,   sois porté.
       Fertor (ille),   qu'il soit porté.
Plur. Feramur,   soyons portés.
       Ferimini,   soyez portés.
       Feruntor,   qu'ils soient portés.

SUBJONCTIF.

PRÉSENT.   Ferar,   que je sois porté, etc.
IMPARFAIT.   Ferrer, que je fusse porté ou je serais porté, etc.
PARFAIT.   Latus sim ou fuerim, que j'aie été porté, etc.
PLUS-QUE-PARF. Latus essem ou fuissem, que j'eusse été porté, etc

INFINITIF.

PRÉSENT ET IMPARFAIT,

Ferri, être porté.

PARFAIT ET PLUS-QUE-PARFAIT.

Latum esse *ou* fuisse, *avoir été porté.*

FUTUR.

Latum iri *ou* ferendum esse, *devoir être porté.*

FUTUR PASSÉ.

Ferendum fuisse, *qu'il eût ou aurait été porté.*

PARTICIPE PASSÉ.

Latus, lata, latum, *porté, ayant été porté.*

PARTICIPE FUTUR.

Ferendus, ferenda, ferendum, *devant être porté.*

SUPIN.

Latu, *à être porté.*

---

§ 60.   VERBES IRRÉGULIERS
De la quatrième conjugaison.

INDICATIF.

PRÉSENT.

Sing.	Eo,	*je vais* ou *je vas.*
	Is,	*tu vas.*
	It,	*il va.*
Plur.	Imus,	*nous allons.*
	Itis,	*vous allez.*
	Eunt,	*ils vont.*
IMPARFAIT.	Ibam,	*j'allais,* etc. Ibas.
PARFAIT.	Ivi,	*je suis allé,* etc. Ivisti.
PLUS-QUE-PARF.	Iveram,	*j'étais allé,* etc. Iveras.
FUTUR.	Ibo,	*j'irai,* etc. Ibis.
FUTUR PASSÉ.	Ivero,	*je serai allé,* etc. Iveris.

IMPÉRATIF.

Sing.	I *ou* ito,	*va.*
	Ito (ille),	*qu'il aille.*
Plur.	Eamus,	*allons.*
	Ite *ou* itote,	*allez.*
	Eunto	*qu'ils aillent.*

SUBJONCTIF.

PRÉSENT.	Eam,	*que j'aille*, etc. Eas.
IMPARFAIT.	Irem,	*que j'allasse*, etc. Ires.
PARFAIT.	Iverim,	*que je sois allé*, etc.
PLUS QUE-PARF.	Ivissem,	*que je fusse allé*, etc.

INFINITIF.

PRÉSENT ET IMPARFAIT.

Ire, *aller*.

PARFAIT ET PLUS-QUE-PARFAIT.

Ivisse, *étre allé*.

FUTUR.

Iturum esse, *devoir aller, qu'il ira* ou *irait*.

FUTUR PASSÉ.

Iturum fuisse, *avoir dû aller, qu'il serait allé*.

PARTICIPE PRÉSENT.

Iens, euntis, *allant, qui va*.

PARTICIPE FUTUR.

Iturus, a, um, *qui doit aller*.

SUPINS.

Itum, *aller*.   Itu, *à aller*.

GÉRONDIFS.

Eundi,	*d'aller*.
Eundo,	*en allant*.
Eundum,	*à* ou *pour aller*.

Ainsi se conjuguent *exire, exeo, is,* sortir; *perire, pereo, is,* périr; *redire, redeo, is,* revenir; *adire, adeo, is,* aller, trouver; *transire, transeo, is; prœterire, prœtereo, is,* passer outre *ou* auprès.

---

§ 61.   VERBE *FIO*.

Quand le Verbe *Fio* signifie *je deviens,* il est Verbe substantif; et quand il signifie *étre fait,* c'est le passif du Verbe *facere*.

INDICATIF.

PRÉSENT.

Sing. Fio,   *je deviens* ou *je suis fait.*

Fis,   *tu deviens.*

Fit,   *il devient.*

Plur. Fimus,   *nous devenons.*

Fitis,   *vous devenez.*

Fiunt,   *ils deviennent.*

IMPARFAIT.   Fiebam,   *je devenais.* Fiebas, etc.

PARFAIT.   Factus sum *ou* fui, *je suis devenu.*

PLUS-QUE-PARF. Factus eram *ou* fueram, *j'étais devenu.*

FUTUR.   Fiam,   *je deviendrai.*

FUTUR PASSÉ.   Factus ero *ou* fuero, *je serai devenu.*

IMPÉRATIF.

Sing. Fi,   *deviens.*

Plur. Fite *ou* Fitote,   *devenez.*

SUBJONCTIF.

PRÉSENT.   Fiam,   *que je devienne.* Fias, etc.

IMPARFAIT.   Fierem, *que je devinsse* ou *je deviendrais.*

PARFAIT.   Factus sim *ou* fuerim, *que je sois devenu.*

PLUS-QUE-PARF. Factus essem *ou* fuissem, *que je fusse devenu.*

INFINITIF.

PRÉSENT ET IMPARFAIT.

Fieri, *devenir.*

PARFAIT ET PLUS-QUE-PARFAIT.

Factum esse *ou* fuisse, *être devenu.*

FUTUR.

Factum iri *ou* faciendum esse, *qu'il deviendra* ou *deviendrait.*

FUTUR PASSÉ.

Faciendum fuisse, *qu'il serait* ou *qu'il fût devenu.*

PARTICIPE PASSÉ.

Factus, a, um, *étant devenu* ou *ayant été fait.*

PARTICIPE FUTUR.

Faciendus, a, um, *devant être fait.*

SUPIN.

Factu, *à faire* ou *à être fait.*

§ 62. VERBES *VOLO, NOLO, MALO.*

INDICATIF.

PRÉSENT.

Sing.	Volo,	*je veux.*
	Vis,	*tu veux.*
	Vult,	*il veut.*
Plur.	Volumus,	*nous voulons.*
	Vultis,	*vous voulez.*
	Volunt,	*ils veulent.*
IMPARFAIT.	Volebam,	*je voulais, etc.*
PARFAIT.	Volui,	*j'ai voulu, etc.*
PLUS-QUE-PARF.	Volueram,	*j'avais voulu, etc.*
FUTUR.	Volam,	*je voudrai. Voles, etc.*
FUTUR PASSÉ.	Voluero,	*j'aurai voulu, etc.*

SUBJONCTIF.

PRÉSENT.

Sing.	Velim,	*que je veuille.*
	Velis,	*que tu veuilles.*
	Velit,	*qu'il veuille.*
Plur.	Velimus,	*que nous voulions.*
	Velitis,	*que vous vouliez.*
	Velint,	*qu'ils veuillent.*
IMPARFAIT.	Vellem,	*que je voulusse* ou *je voudrais.*
PARFAIT.	Voluerim,	*que j'aie voulu.*
PLUS-QUE-PARF.	Voluissem,	*que j'eusse voulu* ou *j'aurais voulu.*

INFINITIF.

PRÉSENT ET IMPARFAIT.

Velle, *vouloir.*

PARFAIT ET PLUS-QUE-PARFAIT.

Voluisse, *avoir voulu.*

PARTICIPE PRÉSENT.

Volens, *voulant, qui veut.*

Ainsi se conjuguent *nolo*, je ne veux pas; et *malo*, j'aime

INDICATIF.

PRÉSENT.

Sing.	Nolo,	*je ne veux pas.*
	Non vis,	*tu ne veux pas.*
	Non vult,	*il ne veut pas.*
Plur.	Nolumus,	*nous ne voulons pas.*
	Non vultis,	*vous ne voulez pas.*
	Nolunt,	*ils ne veulent pas.*

IMPÉRATIF.

Sing.	Noli *ou* Nolito,	*ne veuille pas.*
	Nolito (ille),	*qu'il ne veuille pas.*
Plur.	Nolimus,	*ne veuillons pas.*
	Nolite *ou* Nolitote,	*ne veuillez pas.*
	Nolunto,	*qu'ils ne veuillent pas.*

SUBJONCTIF.

PRÉSENT. Nolim,   *que je ne veuille pas, etc.*

INFINITIF.

PRÉSENT ET IMPARFAIT.

Nolle,   *ne vouloir pas.*

INDICATIF.

PRÉSENT.

Sing.	Malo,	*j'aime mieux.*
	Mavis,	*tu aimes mieux.*
	Mavult,	*il aime mieux.*
Plur.	Malumus,	*nous aimons mieux.*
	Mavultis,	*vous aimez mieux.*
	Malunt,	*ils aiment mieux.*

SUBJONCTIF.

PRÉSENT. Malim,   *que j'aime mieux, etc.*

INFINITIF.

PRÉSENT ET IMPARFAIT.

Malle,   *aimer mieux.*

§ 63. VERBES IRRÉGULIERS,
Composés de SUM.

INDICATIF.

PRÉSENT.

Sing.	Possum,	*je peux* ou *je puis.*
	Potes,	*tu peux.*
	Potest,	*il peut.*
Plur.	Possumus,	*nous pouvons.*
	Potestis,	*vous pouvez.*
	Possunt,	*ils peuvent.*

IMPARFAIT.	Poteram,	*je pouvais.* Poteras, etc.
PARFAIT.	Potui,	*j'ai pu.* Potuisti, etc.
PLUS-QUE-PARF.	Potueram,	*j'avais pu,* etc.
FUTUR.	Potero,	*je pourrai.* Poteris, etc
FUTUR PASSÉ.	Potuero,	*j'aurai pu,* etc.

SUBJONCTIF

PRÉSENT.	Possim,	*que je puisse.* Possis, etc.
IMPARFAIT.	Possem,	*que je pusse* ou *je pourrais,* etc.
PARFAIT.	Potuerim,	*que j'aie pu,* etc.
PLUS-QUE-PARF.	Potuissem,	*que j'eusse pu* ou *j'aurais pu,* etc.

INFINITIF.

PRÉSENT ET IMPARFAIT.

Posse, *pouvoir.*

PARFAIT ET PLUS-QUE-PARFAIT.

Potuisse, *avoir pu.*

§ 64.   *PROSUM*, JE SERS.

INDICATIF.

PRÉSENT.

Sing.	Prosum,	*je sers.*
	Prodes,	*tu sers.*
	Prodest,	*il sert.*
Plur.	Prosumus,	*nous servons.*

	Prodestis,	*vous servez.*
	Prosunt,	*ils servent.*
IMPARFAIT.	Proderam,	*je servais,* etc.
PARFAIT.	Profui,	*j'ai servi,* etc.
PLUS-QUE-PARF.	Profueram,	*j'avais servi,* etc.
FUTUR.	Prodero,	*je servirai,* etc.
FUTUR PASSÉ.	Profuero,	*j'aurai servi,* etc.

IMPÉRATIF.

Sing. Prodes *ou* Prodesto, *sers.*
       Prodesto (ille), *qu'il serve.*
Plur. Prosimus,   *servons.*
       Prodeste *ou* Prodestote, *servez.*
       Prosunto,   *qu'ils servent.*

SUBJONCTIF.

PRÉSENT.	Prosim,	*que je serve,* etc.
IMPARFAIT.	Prodessem,	*que je servisse* ou *je servirais,* etc.
PARFAIT.	Profuerim,	*que j'aie servi,* etc.
PLUS-QUE-PARF.	Profuissem,	*que j'eusse* ou *j'aurais servi,* etc.

INFINITIF.

PRÉSENT ET IMPARFAIT.

Prodesse, *servir.*

PARFAIT ET PLUS-QUE-PARFAIT.

Profuisse, *avoir servi.*

FUTUR.

Profuturum esse, *devoir servir, qu'il servira.*

FUTUR PASSÉ.

Profuturum fuisse, *qu'il eût* ou *aurait servi.*

PARTICIPE FUTUR.

Profuturus, a, um, *devant servir.*

---

§ 65.   AUTRE VERBE IRRÉGULIER.

QUEO *n'a guère que les temps et les personnes qui suivent.*

INDICATIF.

PRÉSENT.

Sing. Queo,   *je peux* ou *je puis.*

	Quis,	*tu peux.*
	Quit,	*il peut.*
Plur.	Quimus,	*nous pouvons.*
	Quitis,	*vous pouvez.*
	Queunt,	*ils peuvent.*
IMPARFAIT.	Quibam,	*je pouvais.* Quibamus.
PARFAIT.	Quivi,	*j'ai pu.*
	Quivimus,	*nous avons pu.*
PLUS-QUE-PARF.	Quiveram,	*j'avais pu.*
FUTUR.	Quibo,	*je pourrai.*
FUTUR PASSÉ.	Quivero,	*j'aurai pu.*

SUBJONCTIF.

PRÉSENT.

	Queam,	*que je puisse.*
Sing.	Queas,	*que tu puisses.*
	Queat,	*qu'il puisse.*
Plur.	Queamus,	*que nous puissions.*
	Queatis,	*que vous puissiez.*
	Queant,	*qu'ils puissent.*
IMPARFAIT.	Quirem,	*que je pusse* ou *je pourrais.*
	Quiremus,	*que nous pussions.*
PARFAIT.	Quiverim,	*que j'aie pu.*
	Quiverimus,	*que nous ayons pu.*
PLUS-QUE-PARF.	Quivissem,	*que j'eusse pu.*
	Quivissemus,	*que nous eussions pu.*

INFINITIF.

PRÉSENT ET IMPARFAIT.

Quire, *pouvoir.*

PARFAIT ET PLUS-QUE-PARFAIT.

Quivisse, *avoir pu.*

Ainsi se conjugue *nequire, nequeo,* ne pouvoir pas.

---

§ 66.   VERBES DÉFECTUEUX.

On appelle *défectueux* les Verbes auxquels il manque plusieurs personnes ou plusieurs temps.

INDICATIF.

PRÉSENT.

Sing.	Memini,	je me souviens.
	Meministi,	tu te souviens.
	Meminit,	il se souvient.
Plur.	Meminimus,	nous nous souvenons.
	Meministis,	vous vous souvenez.
	Meminerunt ou meminêre.	ils se souviennent.
IMPARFAIT.	Memineram,	je me souvenais.
	Meminerás,	tu te souvenais, etc,

Point de parfait ni de plus-que-parfait.

FUTUR.

Sing.	Meminero,	je me souviendrai.
	Memineris,	tu te souviendras.
	Meminerit,	il se souviendra.
Plur.	Meminerimus,	nous nous souviendrons.
	Memineritis,	vous vous souviendrez.
	Meminerint,	ils se souviendront.

IMPÉRATIF.

Sing.	Memento,	souviens-toi.
	Memento (ille),	qu'il se souvienne.
Plur.	Mementote,	souvenez-vous.

SUBJONCTIF.

PRÉSENT.	Meminerim,	que je me souvienne.
	Memineris,	que tu te souviennes, etc.
IMPARFAIT.	Meminissem,	que je me souvinsse ou je me souviendrais.
	Meminisses,	que tu te souvinsses ou tu te souviendrais, etc.

INFINITIF.

PRÉSENT ET IMPARFAIT.

Meminisse, se souvenir.

Ainsi se conjuguent *novi*, je connais ; *cœpi*, je commence ; *odi*, je hais : ce dernier fait au parfait *osus sum* ou *fui*, j'ai haï, etc., et au plus-que-parfait *osus eram* ou *fueram*, j'avais haï, etc.; mais ils n'ont pas d'impératif,

§ 67.   *AIO*, Je dis.

INDICATIF.

PRÉSENT.

S. Aio,   *je dis.*
Ais,   *tu dis.*
Ait,   *il dit.*
P. Aiunt, *ils disent.*

IMPARFAIT.

S. Aiebam, *je disais.*
Aiebas, *tu disais,* etc.

PARFAIT.

S. Aisti,   *tu as dit.*
P. Aistis,   *vous avez dit.*

SUBJONCTIF.

PRÉSENT.

S. Aias,   *que tu dises.*
Aiat,   *qu'il dise.*

PARTICIPE PRÉSENT.

Aiens, aientis, *disant.*

---

§ 68.   *INQUAM*, Dis-je.

INDICATIF.

PRÉSENT.

S. Inquam,   *dis-je.*
Inquis,   *dis-tu.*
Inquit,   *dit-il.*
P. Inquimus,   *disons-nous.*
Inquitis,   *dites-vous.*
Inquiunt,   *disent-ils.*

IMPARFAIT.

Inquiebat,   *disait-il.*
Inquiebant,   *disaient-ils.*

PARFAIT.

Inquisti,   *as-tu dit.*
Inquit,   *a-t-il dit.*
Inquistis,   *avez-vous dit.*

FUTUR.

Inquies,   *diras-tu.*
Inquiet,   *dira-t-il.*

IMPÉRATIF.

Inque, inquito, *dis.*

SUBJONCTIF.

Inquiat,   *qu'il dise.*

---

§ 69.   VERBES IMPERSONNELS.

On appelle *impersonnels* les Verbes qui n'ont que la troisième personne du singulier.

OPORTET, Il faut.

INDICATIF.

PRÉSENT.

Oportet, *il faut.*

IMPARFAIT.

Oportebat, *il fallait.*

PARFAIT.

Oportuit, *il a fallu.*

PLUS-QUE-PARFAIT.

Oportuerat, *il avait fallu.*

FUTUR.	PARFAIT.
Oportebit, *il faudra*.	Oportuerit, *qu'il ait fallu*.
FUTUR PASSÉ.	PLUS-QUE-PARFAIT.
Oportuerit, *il aura fallu*.	Oportuisset, *qu'il eût fallu*.
SUBJONCTIF.	INFINITIF.
PRÉSENT.	PRÉSENT.
Oporteat, *qu'il faille*.	Oportere, *falloir*.
IMPARFAIT.	PARFAIT.
Oporteret, *qu'il fallût* ou *il faudrait*.	Oportuisse, *avoir fallu*.

Ainsi se conjuguent *decet*, il convient; *licet*, il est permis; *libet*, il plaît; *liquet*, il est clair.

§ 70.   VERBE *POENITET*.

Ce Verbe se conjugue dans tous ses temps avec les Pronoms accusatifs *me, te, illum, illam* (ou un Nom), au singulier; et *nos, vos, illos, illas,* (ou un Nom), au pluriel.

INDICATIF.

PRÉSENT.

Sing.	me Pœnitet,	*je me repens*.
	te Pœnitet,	*tu te repens*.
illum, illam	Pœnitet,	*il, elle se repent*.
Plur.	nos Pœnitet,	*nous nous repentons*.
	vos Pœnitet,	*vous vous repentez*.
illos, illas	Pœnitet,	*ils, elles se repentent*.
IMPARFAIT.	me Pœnitebat,	*je me repentais*, etc.
PARFAIT.	me Pœnituit,	*je me suis repenti*, etc.
PLUS-QUE-PARF.	me Pœnituerat,	*je m'étais repenti*.
FUTUR.	me Pœnitebit,	*je me repentirai*.
FUTUR PASSÉ.	me Pœnituerit,	*je me serai repenti*.

SUBJONCTIF.

PRÉSENT.	me Pœniteat,	*que je me repente*, etc.
IMPARFAIT.	me Pœniteret,	*que je me repentisse* ou *je me repentirais*.
PARFAIT.	me Pœnituerit,	*que je me sois repenti*.
PLUS-QUE-PARF.	me Pœnituisset,	*que je me fusse repenti* ou *je me serais repenti*.

INFINITIF.

PRÉSENT ET IMPARFAIT.

Pœnitere, *se repentir.*

PARFAIT ET PLUS-QUE-PARFAIT.

Pœnituisse, *s'être repenti.*

PARTICIPE PRÉSENT.

Pœnitens, pœnitentis, *se repentant.*

PARTICIPE FUTUR PASSIF.

Pœnitendus, pœnitenda, pœnitendum, *dont on doit se repentir.*

GÉRONDIFS.

Pœnitendi, *de se repentir;* pœnitendo, *en se repentant;* pœnitendum, *à ou pour se repentir.*

Ainsi se conjuguent *me pudet,* j'ai honte; *me piget,* je suis fâché; *me tædet,* je m'ennuie; *me miseret,* j'ai compassion.

---

§ 71.   IMPERSONNEL PASSIF.

L'impersonnel passif est la troisième personne du singulier passif dans tous les temps.

INDICATIF.

PRÉSENT.

Dicitur, *on dit.*

IMPARFAIT.

Dicebatur, *on disait.*

PARFAIT.

Dictum est *ou* fuit.

PLUS-QUE-PARFAIT.

Dictum erat *ou* fuerat.

FUTUR.

Dicetur, *on dira*

FUTUR PASSÉ.

Dictum erit *ou* fuerit.

SUBJONCTIF.

PRÉSENT.

Dicatur, *qu'on dise.*

IMPARFAIT.

Diceretur, *qu'on dît.*

PARFAIT.

Dictum sit *ou* fuerit.

PLUS-QUE-PARFAIT.

Dictum esset *ou* fuisset.

On peut faire impersonnels tous les Verbes actifs et neutres.

SECONDE PARTIE.

SYNTAXE LATINE.

La Syntaxe est la manière de joindre ensemble les mots d'une phrase et les phrases entre elles.

Il y a deux sortes de Syntaxes : la Syntaxe d'*accord*, par laquelle on fait accorder deux mots en genre, en nombre, etc. ; et la Syntaxe de *régime*, par laquelle un mot régit un autre mot à tel cas, à tel mode, etc.

SYNTAXE DES NOMS.

Accord de deux Noms.

Ludovicus *Rex.*

§ 1. Règle. Quand deux ou plusieurs Noms désignent une seule et même personne, une seule et même chose, ces Noms se mettent au même cas [1].

Exemples : Louis Roi, *Ludovicus rex* ; de Louis Roi, *Ludovici Regis*, etc. ; Esope auteur, *Æsopus auctor* ; à Esope auteur, *Æsopo auctori* ; la ville de Rome, *urbs Roma*. Les Latins disaient : *la ville Rome.*

§ 2. **Remarque.** *De* entre deux Noms n'empêche pas de mettre ces deux Noms au même cas, lorsqu'on peut tourner *de* par *qui s'appelle :* la ville de Rome ; *tournez*, la ville *qui s'appelle* Rome.

Régime des Noms.

I. Liber *Petri.*

§ 3. Règle. Lorsque *de, du, des,* entre deux Noms,

---

[1] C'est ce qu'on nomme *apposition*. Le second substantif sert alors de qualificatif au premier. L'apposition a lieu, même quand le genre et le nombre des deux substantifs sont différents, pourvu que le cas reste le même.

ne peuvent pas se tourner par *qui s'appelle*, on met le second au Génitif

 Exemples : Le livre de Pierre, *liber Petri*; la bonté de Dieu, *bonitas Dei.*

§ 4. Souvent au lieu du Génitif, on se sert d'un Adjectif qui a la même valeur.

Exemples : La bonté de Dieu ; *tournez,* la bonté divine, *bonitas divina ;* le parlement de Paris; *tournez,* le parlement parisien, *senatus parisiensis.*

§ 5. Remarque. Quand le nom qui suit *de* exprime une qualité bonne ou mauvaise, on peut mettre ce Nom ou à l'Ablatif ou au Génitif: Un enfant d'un bon naturel, *puer egregia indole* ou *egregiæ indolis ;* d'un mauvais naturel, *pravà indole* ou *pravæ indolis* [1].

II. Tempus *legendi.*

§ 6. *De*, entre un Nom de chose inanimée et un infinitif français, se rend en latin par le gérondif en *di,* qui est un véritable Génitif.

 Exemples : Le temps de lire, *tempus legendi;* de lire l'histoire, *tempus legendi historiam.* (Les Gérondifs gouvernent le même cas que les Verbes d'où ils viennent.)

§ 7. Remarque. Si le Verbe latin gouverne l'Accusatif, au lieu du Gérondif en *di,* il est mieux d'employer le Participe en *dus, da. dum,* que l'on met au Génitif, en le faisant accorder avec le Nom en genre, en nombre et en cas ; ainsi, au lieu de dire *tempus legendi historiam,* on dit mieux *tempus legendæ historiæ* [2].

§ 8. *De*, entre un Nom et un infinitif, se rend quelquefois par l'infinitif latin; c'est lorsque cet infinitif peut servir de Nominatif à la phrase.

Exemples : C'est un péché de mentir ; *tournez,* mentir est un péché, *culpa est mentiri.*

---

[1] La qualité des personnes s'exprime par l'Ablatif ou par le Génitif indifféremment. Cependant les Latins préfèrent l'Ablatif, s'il s'agit d'une qualité physique.

Quant à la qualité des choses, le Génitif comme l'Ablatif servent également à les déterminer.

[2] Il ne faut jamais employer l'Adjectif neutre pris substantivement au Génitif pluriel, attendu que le neutre ne s'y distingue pas du masculin. Dites donc *ars bona et mala discernendi,* et non, *bonorum et malorum discernendorum,* l'art de discerner le bien et le mal.

SYNTAXE DES ADJECTIFS.

Accord de l'Adjectif avec le Nom.

I. Deus *sanctus.*

§ 9. Règle. L'Adjectif s'accorde en genre, en nombre et en cas avec le Nom auquel il se rapporte.

Exemples : Dieu saint, *Deus sanctus;* du Dieu saint, *Dei sancti;* Vierge sainte, *Virgo sancta;* de la Vierge sainte, *Virginis sanctæ;* temple saint, *templum sanctum;* du temple saint, *templi sancti.*

II. Pater et filius *boni,* mater et filia *bonæ.*

§ 10. Quand un Adjectif se rapporte à deux Noms, on met cet Adjectif au pluriel, parce que deux singuliers valent un pluriel.

Exemples : Le père et le fils bons, *pater et filius boni;* la mère et la fille bonnes, *mater et filia bonæ.*

III. Pater et mater *boni.*

§ 11. Quand un Adjectif se rapporte à deux Noms de différents genres, l'Adjectif prend le plus noble des deux genres. (Le masculin est plus noble que les deux autres; le féminin est plus noble que le neutre [1]).

Exemple : Le père et la mère bons, *pater et mater boni.*

IV. Virtus et vitium *contraria.*

§ 12. Quand les deux Noms sont des choses inanimées, c'est-à-dire sans vie, l'Adjectif qui s'y rapporte se met au pluriel neutre. (*Il n'y a d'animé que les hommes et les bêtes* [2].)

---

[1] La même chose arrive, lorsque les noms de personnes sont mêlés avec des noms de choses.

[2] Si les noms de choses inanimées sont du même genre, on peut mettre l'Adjectif au genre de ces Noms.

Exemple : La vertu et le vice contraires, *virtus et vitium contraria*[1].

V. Turpe est *mentiri*.

§ 13. L'Adjectif qui ne se rapporte à aucun Nom précédent se met au neutre.

Exemples : Il est honteux de mentir, *turpe est mentiri*[2].

Il est honteux d'être paresseux, *turpe est esse pigrum*[3].

DEUS EST SANCTUS.

CREDO DEUM ESSE SANCTUM.

§ 14. L'Adjectif qui suit immédiatement le Verbe *sum* se met au même cas que le Nom ou Pronom qui précède le Verbe, et auquel il se rapporte[4].

Exemples : Dieu est saint, *Deus est sanctus*; je crois que Dieu est saint, *credo Deum esse sanctum*. (En latin on dit *je crois Dieu être saint*.)

Il ne m'est pas permis d'être paresseux, *mihi non licet esse pigro*.

§ 15. Si cependant le Nom qui précède était au Génitif, il faudrait mettre l'Adjectif à l'Accusatif.

Exemple : Il importe à un jeune homme d'être laborieux, *refert adolescentis esse impigrum*.

§ 16. REMARQUE. On observe la même règle après tout autre Verbe, quand l'Adjectif le suit immédiatement[5].

---

[1] Lorsque deux Adjectifs sont joints ensemble, le premier se change en Adverbe.

Exemple : Les vrais sages, *verè sapientes*.

[2] L'infinitif *mentiri* devient un véritable Nom neutre, avec lequel s'accorde l'Adjectif *turpe* : le mentir est honteux.

[3] Le *que* dont l'infinitif français est quelquefois précédé ne se traduit pas en latin : « *C'est une chose très-malheureuse que de craindre,* » *Miserrimum est timere.* »

[4] L'Adjectif se trouve quelquefois (souvent en vers, rarement en prose) au singulier neutre, quoique se rapportant à un Nom d'un autre genre. C'est qu'alors l'Adjectif devient une sorte de substantif, qui renferme en lui-même l'idée de *chose*.

[5] Dans ce cas, le Verbe, quoique attributif, ne sert qu'à lier au Nom

Exemples : Le geai revint tout chagrin, *graculus rediit mœrens;* Aristide mourut pauvre, *Aristides mortuus est pauper;* je m'appelle lion, *ego nominor leo.*

RÉGIME DES ADJECTIFS.

I. *Adjectifs qui gouvernent le Génitif.*

Avidus *laudum.*

§ 17. RÈGLE. Les Adjectifs *avidus*, avide; *cupidus*, qui désire; *studiosus*, qui a du goût pour; *peritus*, habile dans; *expers*, qui manque; *patiens*, qui souffre; *rudis*, qui ne sait pas; *memor*, qui se souvient; *immemor*, qui ne se souvient pas; *plenus*, plein, etc., gouvernent le génitif[1].

Exemples : Avide de louanges, *avidus laudum;* habile dans la musique, *peritus musicæ;* plein de vin, *plenus vini.* (On trouve quelquefois *plenus* avec un Ablatif : *plenus vino.*)

Cupidus *videndi.*

§ 18. Quand les Adjectifs *avide*, etc., sont suivis d'un infinitif français, on met en latin cet infinitif au gérondif en *di.*

Exemples : Curieux de voir, *cupidus videndi*, de voir la ville, *videndi urbem*, et mieux *videndæ urbis*, comme nous avons dit plus haut, *page* 120.

II. *Adjectifs qui gouvernent le Génitif ou le Datif.*
Similis *patris* ou *patri.*

§ 19. *Similis*, semblable; *par, æqualis*, égal; *affinis*, allié, gouvernent le Génitif ou le Datif.

---

ou Pronom, sujet du Verbe, un adjectif ou substantif, pris adjectivement, sans lequel l'attribut resterait incomplet.

[1] Ajoutez encore ceux des Participes présents qui, exprimant un état, rentrent dans la classe des adjectifs, tels que *amans, appetens, sciens, potens, impotens*, etc.

Exemples : Semblable à son père, *similis patris*
ou *patri;* allié au roi, *affinis regis* ou *regi.*

III. *Adjectifs qui gouvernent le Datif seulement.*
Mihi utile *est.*

§ 20. *Utilis,* utile à; *commodus,* avantageux à; *in-
fensus, iratus,* irrité contre; *assuetus,* accoutumé à;
aptus, idoneus, propre à, gouvernent le Datif.

Exemples : Cela m'est utile, *id mihi utile est;*
corps accoutumé au travail, *corpus assuetum labori.*

§ 21. Quand ces Adjectifs sont suivis d'un infinitif
français, on met en latin cet infinitif au gérondif en
do. (Le gérondif en *do* est ici un véritable Datif.)

Exemples : Corps accoutumé à supporter le travail,
corpus assuetum tolerando laborem; ou mieux, *tolerando labori,* en se servant du Participe en *dus, da,
dum,* et le faisant accorder avec le Nom.

§ 22. REMARQUE. Après *aptus, idoneus* et *natus,* on peut mettre
l'Accusatif avec *ad.*

Exemples : Propre à la guerre, *aptus ad militiam;* né pour les
armes, *natus ad arma.*

IV. *Adjectifs qui gouvernent l'Accusatif avec* ad.
Propensus *ad lenitatem.*

§ 23. *Propensus, pronus, proclivis,* porté à..., et
tous les Adjectifs qui marquent un penchant ou une
inclination à quelque chose, gouvernent l'Accusatif
avec *ad.*

Exemple : Porté à la douceur, *propensus ad leni-
tatem.*

§ 24. Quand ces Adjectifs sont suivis d'un infinitif
en français, on met en latin cet infinitif au gérondif
en *dum.* (Le gérondif en *dum* est un véritable Accusatif.)

Exemples : Prompt à se mettre en colère, *pronus
ad irascendum;* à venger une injure, *ad ulciscen-
dum injuriam,* et mieux, *ad ulciscendam injuriam.*

V. *Adjectifs qui gouvernent l'Accusatif sans Préposition.*

Populabundus *agros.*

§ 25. Les Adjectifs en *bundus* gouvernent l'Accusatif, quand ils viennent d'un Verbe qui régit ce cas [1].

Exemple : Ravageant les campagnes, *populabundus agros.*

VI. *Adjectifs qui gouvernent l'Ablatif.*

Præditus *virtute.*

§ 26. *Præditus,* doué de ; *dignus,* digne de ; *indignus,* indigne de ; *contentus,* content de, etc., gouvernent l'Ablatif.

Exemples : Jeune homme doué de vertu, *adolescens virtute præditus* ; digne de louange, *dignus laude* ; content de son sort, *contentus suâ sorte.*

§ 27. Remarque. On trouve quelquefois *dignus* avec le Génitif [2].

VII. Mirabile *visu.*

§ 28. Après les Adjectifs *admirable à, facile à, difficile à,* etc., l'infinitif français se rend en latin par le supin en *u.*

Exemples : Chose admirable à voir (tournez à être vue), *res visu mirabilis,* ou *mirabile visu.* (Quand on n'exprime pas le mot *chose,* l'Adjectif latin se met au neutre.)

Chose facile à dire, *res dictu facilis* ; à trouver, *inventu.*

§ 29. Remarque. Si le Verbe latin n'a point de supin, tournez la phrase de cette manière : ma leçon est difficile à étudier ; *dites,* il est difficile d'étudier ma leçon, *difficile est studere lectioni meæ.*

---

[1] On trouve souvent dans les poëtes, à l'Accusatif, le Nom qui exprime la partie du sujet à laquelle se rapporte l'état exprimé par l'Adjectif ou le Participe : *Os humerosque Deo similis,* ayant le *visage et les épaules d'un Dieu,* etc.

[2] Cette construction n'est guère usitée qu'en poésie.

SYNTAXE
DES COMPARATIFS ET SUPERLATIFS.

I. Doctior *Petro.*

§ 30. Après le comparatif, exprimé par un seul mot latin, on met le Nom à l'Ablatif, en supprimant le *que.*

Exemples . Plus savant que Pierre, *doctior Petro.*

La vertu est plus précieuse que l'or, *virtus est pretiosior auro.* (On sous-entend *præ,* en comparaison de.)

§ 31. REMARQUE. On peut, après le comparatif, exprimer *que* par *quàm,* et mettre après même cas que devant.

Exemples : Paul est plus savant que Pierre, *Paulus est doctior quàm Petrus.*

Je ne connais personne plus savant que Paul, *neminem novi doctiorem quàm Paulum*[1].

II. Felicior *quàm prudentior.*
Feliciùs *quàm prudentiùs.*

§ 32. Quand, après un comparatif, le *que* est suivi d'un Adjectif ou d'un Adverbe, cet Adjectif ou cet Adverbe se met encore au comparatif et au même cas que le premier[2].

Exemples : Il est plus heureux que prudent, *felicior est quàm prudentior.*

Ils envoyèrent un général plus hardi qu'habile, *miserunt ducem audaciorem quàm peritiorem.*

III. Magìs pius *quàm tu.*

§ 33. Quand l'Adjectif latin n'a point de comparatif,

---

[1] Cette construction est rare, et l'on forme ordinairement une nouvelle proposition avec *est* et le Nominatif : *quàm Paulus est.* Cette tournure est indispensable : 1° quand le Verbe exprimé avant le comparatif ne peut pas être sous-entendu après *quàm ;* 2° quand le premier terme de la comparaison est à tout autre cas qu'au Nominatif ou à l'Accusatif.

[2] On peut aussi employer le positif en exprimant *plus....que* par *magis....quàm.*

on exprime *plus* par *magìs*, et alors le *que* s'exprime toujours par *quàm*, avec même cas après que devant.

Exemple : Il est plus pieux que vous, *magìs pius est quàm tu.*

§ 34. REMARQUE. Presque tous les Adjectifs qui finissent par *eus, ius, uus,* n'ont ni comparatif ni superlatif en latin.

IV. Majori virtute *præditus.*

§ 35. Quand l'Adjectif français se rend en latin par deux mots (un Adjectif et un Nom), l'on exprime *plus* par *major, majus ; moins* par *minor, minus,* que l'on fait accorder avec le Nom.

Exemples : Plus vertueux, *majori virtute præditus,* et non pas *magis virtute præditus;* moins vertueux, *minori virtute præditus.*

V. Doctior est *quàm putas.*

§ 36. Si le *que,* après le comparatif, est suivi d'un Verbe, on exprime toujours *que,* et l'on met en latin le même temps que dans le français.

Exemples : Il est plus savant que vous ne pensez, *doctior est quàm putas. (Ne* qui suit le comparatif français ne s'exprime point en latin.)

Rien n'est plus honteux que de mentir, *nihil turpius est quàm mentiri.*

SUPERLATIFS.

I. *Altissima arborum,* ou *ex arboribus,* ou *inter arbores.*

§ 37. RÈGLE. Le superlatif veut le Nom *pluriel* qui le suit au Génitif, ou à l'Ablatif avec *ex,* ou à l'Accusatif avec *inter.*

Exemple : Le plus haut des arbres, *altissima arborum,* ou *ex arboribus,* ou *inter arbores.*

REMARQUE. Le superlatif prend le même genre que le Nom pluriel qui le suit; *altissima* est du féminin, parce que son régime *arborum* est du féminin.

§ 38. Mais si le régime du superlatif était un **Nom singulier**, le superlatif ne s'accorderait pas en genre avec ce Nom, et alors il ne gouverne que le Génitif.

Exemple : Le plus riche de la ville, *ditissimus urbis.* (On sous-entend *homo,* c'est-à-dire l'homme le plus riche de la ville.)

II. Validior *manuum.*

§ 39. Quand on ne parle que de deux choses, au lieu du superlatif qui est dans le français, on met le comparatif en latin [1].

Exemple : La plus forte des deux mains, *validior manuum.*

III. Maximè omnium *conspicuus.*

§ 40. Quand l'Adjectif latin n'a point de superlatif, on se sert de *maximè* avec le positif.

Exemple : Le plus remarquable de tous, *maximè omnium conspicuus* [2].

§ 41. REMARQUE. Les Noms que l'on appelle *partitifs,* c'est-à-dire qui marquent la partie d'un plus grand nombre, comme *unus, quis, aliquis, nemo* etc., gouvernent le même cas que le superlatif.

Exemples : Un des soldats, *unus militum,* ou *ex militibus,* ou *inter milites.*

Qui de nous, *quis nostrûm,* et non pas *nostri ;* qui de vous, *quis vestrûm.* (On ne se sert de *nostri, vestri,* qu'après un Verbe ou un Nom qui n'est point partitif.)

SYNTAXE DES VERBES.

Accord du Verbe avec le Nominatif ou Sujet.

I. Ego *audio.*

§42. RÈGLE. Tout Verbe, quand il n'est pas à l'infi-

---

[1] C'est d'après cette règle que *le premier* s'exprime par *prior,* d'abord, par *priùs,* si l'on parle de deux objets seulement.

[2] Quand le superlatif pluriel n'est pas suivi d'un Génitif, il faut ajouter au superlatif latin *quisque,* et on le place toujours après le superlatif : Les plus honnêtes gens le favorisent, *optimus quisque illi favet.*

nitif, s'accorde avec son Nominatif en nombre et en personne.

Exemples : J'écoute, *ego audio* ; vous enseignez, *tu doces* ; il lit, *ille legit.*

§ 43. Remarque. On sous-entend ordinairement le pronom Nominatif ; ainsi, l'on dit simplement *audio*, *doces*, *legit* : il faut cependant l'exprimer quand il y a deux Verbes dont le sens est opposé, ou quand la phrase contient quelque chose de vif.

Exemples : Vous riez, et je pleure, *tu rides, ego fleo.*
Vous osez parler ainsi ! *tu loqui sic audes !*

II. Petrus et Paulus *ludunt.*

§ 44. Règle. Quand un Verbe a deux Nominatifs singuliers, on met ce Verbe au pluriel, parce que deux singuliers valent un pluriel.

Exemple : Pierre et Paul jouent, *Petrus et Paulus ludunt.*

III. Ego et tu *valemus.*

§ 45. Règle. Si les Nominatifs d'un même Verbe sont de différentes personnes, le Verbe prend la plus noble des deux personnes : la première est plus noble que les deux autres, la seconde est plus noble que la troisième.

Exemples : Vous et moi nous nous portons bien, *ego et tu valemus.*

Vous et votre frère vous causez, *tu fraterque garritis.*

Remarque. En français la première personne se nomme après les autres ; c'est le contraire en latin.

IV. Turba *ruit* ou *ruunt.*

§ 46. Règle. Quand le Nominatif est un Nom *collectif*, le Verbe peut se mettre au pluriel. (On appelle *collectif* un Nom qui, quoique au singulier, signifie plusieurs personnes ou plusieurs choses.)

Exemple : La foule se précipite, *turba ruit* ou *ruunt.*

6.

RÉGIME DES VERBES.

Verbes qui gouvernent l'Accusatif.

I. Amo *Deum.*

§ 47. RÈGLE. Tout Verbe actif gouverne l'Accusatif [1].

Exemples : J'aime Dieu, *amo Deum*; vous instrui-
sez les enfants, *doces pueros*; il écoute le maître,
audit magistrum.

II. Imitor *patrem.*

§ 48. Plusieurs Verbes déponents ont la force des
Verbes actifs et gouvernent l'Accusatif.

Exemples : J'imite mon père, *imitor patrem*; nous
admirons la vertu, *miramur virtutem.*

III. Musica *me juvat* ou *delectat.*

§ 49. Les Verbes *juvat, delectat,* il fait plaisir; *manet,* il est réservé; *decet,* il convient; et *fugit, fallit,
prœterit,* employés pour exprimer le Verbe français
ignorer, veulent au Nominatif le Nom de la chose qui
fait plaisir, qui convient, etc., et le Nom de la personne à l'Accusatif.

Exemples : La musique me fait plaisir, *mot à mot,*
me réjouit, *musica me juvat,* ou *delectat.*

Une gloire éternelle nous est réservée, *mot à mot,*
nous attend, *gloria œterna nos manet.*

§ 50. REMARQUE. Quand *attendre* a pour Nominatif un Nom de
chose, on l'exprime par *manere*; quand c'est un Nom de personne, par *exspectare.*

Nous ignorons bien des choses, *mot à mot,* bien

---

[1] Beaucoup de Verbes neutres gouvernent l'Accusatif d'un nom tiré
d'eux-mêmes, ou d'une signification analogue à celle qu'ils expriment :
ainsi l'on dit *Vitam vivere, somniare somnium,* et *viam ire, sitire san-
guinem.* Mais de ces locutions élégantes, il ne faut imiter que celles dont
on connaît des exemples.

des choses nous échappent, nous trompent, nous passent, *multa nos fugiunt, fallunt, prœtereunt.*

Vous savez cela *ou* vous n'ignorez pas cela, *id te non fugit, fallit, prœterit.*

Verbes qui gouvernent le *Datif.*

I. Studeo *grammaticœ.*

§ 51. RÈGLE. La plupart des Verbes neutres gouvernent le Datif.

Exemples : J'étudie la grammaire, *studeo grammaticœ.*

Nous favorisons la noblesse, *favemus nobilitati.*

Il a contenté le maître, *satisfecit prœceptori.*

II. Defuit *officio.*

§ 52. Les composés du Verbe *sum* gouvernent le Datif, excepté *absum,* qui veut l'Ablatif avec *a* ou *ab.*

Exemples : Il a manqué à son devoir, *defuit officio.*

Il était présent à ce spectacle, *aderat huic spectaculo.*

III.

§ 53. Les trois Verbes *imminere, impendere, instare,* gouvernent le Datif.

Exemple : Un grand malheur vous menace, *magna calamitas tibi imminet, impendet, instat.*

REMARQUE. Quand le Verbe *menacer* a pour Nominatif un Nom de chose inanimée, c'est-à-dire sans vie, on l'exprime par *imminere, impendere, instare.*

IV. Id mihi *accidit, evenit, contingit.*

§ 54. Les Verbes *accidit, evenit, contingit,* il arrive ; *conducit, expedit,* il est avantageux ; *placet,* il plaît ; etc., veulent le Nom de la personne au Datif.

Exemples : Cela m'est arrivé, *id mihi accidit ;* cela vous est avantageux, *hoc tibi expedit.*

V. Homo irascitur *mihi*.

§ 55. Les Verbes déponents *irasci*, se mettre en colère; *blandiri*, flatter; *opitulari*, secourir; *minari*, menacer, etc., gouvernent le Datif[1].

Exemples : Cet homme se fâche contre moi, *homo irascitur mihi* ; il me menace, *minatur mihi*.

REMARQUE. Le Verbe *menacer* s'exprime par *minari*, quand il a pour Nominatif un Nom de personne.

VI. Est *mihi* liber.

§ 56. Quand on se sert du Verbe *sum* pour signifier *avoir*, on met le Nom de la personne au Datif[2].

Exemple : J'ai un livre; *tournez*, un livre est à moi, *liber est mihi*.

VII. Hoc erit *tibi dolori*.

§ 57. Quand on se sert du Verbe *sum* pour signifier *causer, apporter, procurer*, il gouverne deux Datifs.

Exemple : Cela vous causera de la douleur; *tournez*, cela sera à douleur à vous, *hoc erit tibi dolori*.

§ 58. Les Verbes *do, verto, tribuo*, suivent la même règle.

Exemples : Il m'a fait un crime de ma bonne foi, *crimini dedit mihi meam fidem*.

Blâmer quelqu'un de quelque chose, *vitio vertere aliquid alicui*; c'est-à-dire tourner à défaut à quelqu'un.

Verbes qui gouvernent l'Ablatif.

I. Abundat *divitiis; nullâ re* caret.

§ 59. RÈGLE. Les Verbes neutres qui signifient *abon-*

---

[1] La même construction s'applique au Verbe *gratulari*.

[2] Dans cette expression, *j'ai nom, je m'appelle*, on peut mettre le nom propre ou au Nominatif, ou au Datif, ou enfin, mais rarement, au Génitif. Ex. : *Je m'appelle Pierre : est mihi nomen Petrus, Petro*, ou moins bien, *Petri*

dance ou *disette* gouvernent ordinairement l'Ablatif.

Exemples : Il regorge de biens, *abundat divitiis.*
Il ne manque de rien, *nullâ re caret.*

§ 60. Le Verbe *gaudere*, se réjouir, gouverne aussi l'Ablatif : Se réjouir du bonheur d'autrui, *gaudere felicitate alienâ.*

II. Fruor *otio.*

§ 61. Les sept Verbes déponents qui suivent, et leurs composés, gouvernent l'Ablatif : *fruor otio*, je jouis du repos ; *fungor officio*, je m'acquitte du devoir ; *potior urbe*, je suis maître de la ville ; *vescor pane*, je me nourris de pain ; *utor libris*, je me sers de livres ; *gloriari alienis bonis*, se glorifier des avantages d'autrui ; *lætor hâc re*, je me réjouis de cela.

Verbes qui gouvernent le Génitif.

§ 62. Le Verbe *misereri*, avoir pitié, gouverne le Génitif.

Exemple : Ayez pitié des pauvres, *miserere pauperum.*

§ 63. *Oblivisci*, oublier ; *recordari, meminisse*, se souvenir, gouvernent le Génitif ou l'Accusatif.

Exemple : Je me souviens des vivants, et je ne puis oublier les morts, *vivorum memini, nec possum oblivisci mortuorum.*

RÉGIME INDIRECT DES VERBES.

§ 64. Il y a des Verbes qui, outre l'Accusatif, que l'on apelle *régime direct*, gouvernent un autre Nom, que l'on appelle leur *régime indirect* : ce régime indirect des Verbes est marqué en français par *à, au, aux*, ou par *de, du, des*.

I. Do vestem *pauperi.*

§ 65. Règle. Les Verbes qui signifient *donner, dire, promettre,* etc., veulent au Datif leur régime indirect marqué par *à.*

Exemples : Je donne un habit au pauvre, *do vestem pauperi.*

Dieu promet une vie éternelle au juste, *Deus vitam æternam justo promittit.*

Minari mortem *alicui.*

§ 66. Même Règle. Les Verbes déponents *minari,* menacer ; *gratulari,* féliciter, veulent le Nom de la chose à l'Accusatif, et le Nom de la personne au Datif.

Exemples : Menacer quelqu'un de la mort ; *tournez,* menacer la mort à quelqu'un, *minari mortem alicui.*

Féliciter quelqu'un d'une victoire ; *tournez,* complimenter la victoire à quelqu'un, *gratulari victoriam alicui.*

II. Hæc via ducit *ad virtutem.*

§ 67. Quand le Verbe signifie quelque mouvement, comme *conduire à...,* ou une inclination vers quelque chose, comme *exhorter à, exciter à,* etc., le régime indirect se met à l'Accusatif avec *ad.*

Exemples : Ce chemin conduit à la vertu, *hæc via ducit ad virtutem.*

Je vous exhorte au travail, *te hortor ad laborem.*

III. Doceo *pueros grammaticam.*

§ 68. Les Verbes *docere,* instruire ; *rogare,* prier ; *celare,* cacher, veulent deux Accusatifs, le Nom de la personne et celui de la chose [1].

---

[1] La règle des deux accusatifs s'applique encore aux Verbes *orare,* prier ; *interrogare,* interroger ; *poscere, reposcere, flagitare,* demander, réclamer ; mais les simples déterminatifs neutres *hoc, id, illud, quid,*

Exemple : J'enseigne la grammaire aux enfants; *tournez,* j'instruis les enfants sur la grammaire, *doceo pueros grammaticam.*

REMARQUE. *Grammaticam* est à l'Accusatif, à cause d'une Préposition [1] sous-entendue.

IV. Scribo *ad te* ou *tibi epistolam.*

§ 69. Les trois Verbes *scribo,* j'écris; *mitto,* j'envoie; *fero,* je porte, veulent leur régime indirect à l'Accusatif avec *ad,* ou au Datif.

Exemple : Je vous écris une lettre, *scribo ad te* ou *tibi epistolam.*

V. Accepi litteras *a patre meo.*

§ 70. Les Verbes *demander, recevoir, emprunter, acheter, espérer, attendre, obtenir,* etc., veulent leur régime indirect à l'Ablatif, avec *a,* ou *ab.*

Exemples : J'ai reçu une lettre de mon père, *accepi litteras a patre meo.*

Il a demandé une grâce au Roi, *petivit beneficium a Rege.*

§ 71. Si le régime indirect du Verbe *recevoir* est une chose inanimée, on le met à l'Ablatif avec *e* ou *ex :* on fait de même après les Verbes *allumer à, prendre à, juger à, puiser à,* etc.

Exemples : J'ai reçu une grande joie de votre lettre, *accepi magnam voluptatem ex tuis litteris.*

Puiser de l'eau à une fontaine, *haurire aquam ex fonte.*

VI. Id audivi *ex amico* ou *ab amico meo.*

§ 72. Les Verbes *audire,* apprendre; *quærere,* s'in-

---

quod, unum, pauca, multa, omnia, se trouvent plus souvent avec ces Verbes que les Accusatifs des substantifs.

Remarquons que lorsque *docere* signifie *donner avis, informer d'une chose,* il se construit bien avec *de* et l'Ablatif.

[1] Ou plutôt il faut considérer *grammaticam-doceo* comme un Verbe composé, dont le Nom de personne est le complément direct.

former, veulent leur régime indirect à l'Ablatif avec *a*
ou *ab, e* ou *ex;* mais après *cognoscere,* apprendre,
c'est toujours *e* ou *ex*[1].

Exemples : J'ai appris cela de mon ami, *id audivi
ex* ou *ab amico meo.*

J'ai connu par votre lettre, *ex litteris tuis cognovi.*

VII. Christus redemit hominem *a morte.*

§ 73. Les Verbes *délivrer, racheter, éloigner, arra-
cher, ôter, séparer, détourner,* etc., veulent leur régime indirect à l'Ablatif, avec *a* ou *ex,* et quelquefois
sans Préposition.

Exemples : Jésus-Christ a racheté l'homme de la
mort, *Christus redemit hominem a morte.*

Délivrer quelqu'un de la servitude, *eximere aliquem a* ou *ex servitute,* ou *servitute* sans Préposition.

VIII. Implere dolium *vino.*

§ 74. Les Verbes d'*abondance,* de *disette* et de *pri-
vation,* veulent leur régime indirect à l'Ablatif sans
Préposition.

Exemples : Emplir un tonneau de vin, *implere do-
lium vino.*

Combler quelqu'un de bienfaits, *cumulare aliquem
beneficiis.*

Priver quelqu'un de secours, *nudare aliquem præ-
sidio.*

IX. Admonui eum *periculi* ou *de periculo.*

§ 75. Les Verbes *avertir, informer,* veulent leur régime indirect, marqué par *de,* au Génitif, ou à l'Ablatif avec *de.*

Exemples : Je l'ai averti du danger, *admonui eum
periculi* ou *de periculo.*

---

[1] On emploie toujours *e* ou *ex* avec les noms de chose, quel que soit
le Verbe.

Plût à Dieu que j'eusse été informé de votre dessein ! *utinam factus essem tui consilii certior !*

§ 76. REMARQUE. Avec *moneo*, l'on met bien les Acusatifs neutres *hoc, id, illud, unum* : Je les avertis de cela, *hoc eos moneo;* d'une chose, *unum.*

X. Insimulare aliquem *furti* ou *furto.*

§ 77. Les Verbes *accuser, condamner, absoudre, convaincre,* veulent leur régime indirect au Génitif ou à l'Ablatif, mais mieux au Génitif[1].

Exemples : Accuser quelqu'un de larcin, *insimulare aliquem furti* ou *furto.*

Absoudre quelqu'un d'un crime, *absolvere aliquem criminis* ou *crimine*[2].

§ 78. Ire REMARQUE. Avec le Verbe *condamner*, le Nom de la peine particulière et déterminée se met à l'Accusatif avec *ad*[3].

Exemples : Condamner quelqu'un aux galères, *damnare aliquem ad triremes;* à tourner la meule, *ad molam.*

§ 79. 2e REMARQUE. Les Verbes *accuser, condamner,* suivis d'un infinitif, s'expriment : *accuser* par *arguere,* et *condamner* par *jubere,* avec l'infinitif latin[4].

Exemples : Il est accusé d'avoir trahi la république, *arguitur prodidisse rempublicam;* il fut condamné à sortir de la ville; *tournez,* il reçut ordre de sortir de la ville, *jussus est ab urbe discedere.*

Deus *amat* virum bonum, *illique favet.*

§ 80. Quand deux Verbes n'ont qu'un régime en français et que les Verbes latins gouvernent différents cas, on met le Nom au cas du premier Verbe, et l'on se sert d'un des Pronoms *is, ille, ipse,* pour le mettre au cas du second.

---

[1] On trouve même quelquefois l'Ablatif avec *de.*

[2] Le terme général *crimen,* qui signifie non pas *crime,* mais *grief, accusation,* se met à l'Ablatif.

[3] Excepté quand il s'agit de la peine capitale, auquel cas on se sert indistinctement du Génitif ou de l'Ablatif, mais seulement de ces deux cas.

[4] L'infinitif français après *accuser* se traduit bien par le subjonctif précédé de *quôd,* pourvu qu'on emploie d'autres mots que *arguere* et *insimulare,* qui se construisent avec l'infinitif.

Exemple : Dieu aime et favorise l'homme de bien ; *dites,* Dieu aime l'homme de bien et le favorise, *Deus amat virum bonum, illique favet.*

RÉGIME DES VERBES PASSIFS

I. Amor *a Deo.*

§ 81. Règle. Le régime du Verbe passif se met à l'Ablatif avec *a* ou *ab*, quand c'est un Nom de chose animée.

Exemple : Je suis aimé de Dieu, *amor a Deo.*

II. *Mœrore* conficior.

§ 82. Quand le régime du Verbe passif est un Nom de chose inanimée, on met l'Ablatif sans Préposition.

Exemple : Je suis accablé de chagrin, *mœrore conficior.*

§ 83. Remarque. Avec *probor, improbor, videor* [1], et les Participes en *dus, da, dum,* on met mieux le Nom au Datif qu'à l'Ablatif.

Exemple : Ce sentiment n'est approuvé ni de lui ni de nous, *hœc sententia neque nobis neque illi probatur;* je dois pratiquer la vertu, *mihi colenda est virtus.*

RÉGIME DES VERBES

Pertinet, Attinet, Spectat.

Hoc *ad me* pertinet.

§ 84. Les trois Verbes *pertinere,* appartenir; *attinere, spectare,* regarder, avoir rapport à, veulent le nom de la personne à l'Accusatif avec *ad* [2].

---

[1] Ajoutez-y : *audior, habeor, intelligor, laudor, quœror,* et autres que l'usage apprendra.

[2] *Attinet* et *Pertinet* sont quelquefois sous-entendus. Ainsi l'on dit : *Quid istud ad me?* (en quoi cela me regarde-t-il ?) *Nihil ad rem* (cela ne fait rien à la chose).

Exemples : Cela me regarde ou m'appartient, *hoc
ad me pertinet* ou *spectat;* pour ce qui me regarde,
quod ad me attinet.

RÉGIME DES IMPERSONNELS

Poenitet, Pudet, Piget, etc.

I. Me *poenitet culpæ meæ.*

§ 85. Les cinq Verbes *poenitet, pudet, piget, tædet,
miseret,* veulent à l'Accusatif le Nom ou Pronom qui
précède le Verbe français, et au Génitif le Nom qui le
suit.

Exemples : Je me repens de ma faute, *me poenitet
culpæ meæ.*

Le Roi a pitié de cet homme, *Regem miseret ho-
minis.*

II. Incipit *me poenitere culpæ meæ.*

§ 86. Tous les Verbes, excepté *volo, nolo, malo, audeo, cupio,* deviennent impersonnels devant *poenitet,
pudet,* etc. ; c'est-à-dire qu'on les met à la troisième
personne du singulier, et le Nom qui les précède se
met à l'Accusatif [1].

Exemples : Je commence à me repentir de ma faute,
incipit me poenitere culpæ meæ.

Vous devez avoir honte de votre paresse, *debet te
pudere tuæ negligentiæ.*

---

[1] Les Verbes *soleo, debeo, possum, incipio, cœpi, desino,* construits
avec *poenitere, pudere,* etc., ayant pour sujet l'idée contenue dans l'infinitif (*repentir, honte,* etc.) se mettent toujours à la troisième personne
du singulier. Ce n'est pas à dire pour cela qu'ils deviennent impersonnels.

RÉGIME *des Verbes* Refert, interest, *il importe à,*
il est important pour, il est de l'intérêt de.

I. Refert, Interest *Regis.*

§ 87. Les Verbes *refert, interest,* veulent au génitif
le Nom qui suit le Verbe français *il importe.*

Exemple : Il importe au Roi, *refert* ou *interest*
Regis.

REMARQUE. On sous-entend *re* ou *causâ* devant ce Génitif.
Interest (causâ) *Regis,* il importe pour le Roi.

II.

Refert, interest *meâ, tuâ, nostrâ, vestrâ, suâ.*

§ 88. Avec *refert, interest,* ces Pronoms *me, te, nous,*
vous, lui, leur, s'expriment par *meâ, tuâ, nostrâ, ves-*
trâ, suâ : on sous-entend *causâ.*

Exemples : Il m'importe, *refert, interest meâ ;* il
vous importe, *tuâ ;* il nous importe, *nostrâ.*

Le maître croit qu'il lui importe; *en latin on dit :*
le maître croit importer à soi, *magister credit suâ re-*
ferre. (On ne met *suâ* que quand *lui* se rapporte au
Nominatif de la phrase; autrement ce serait *ejus.*)

III.

§ 89. Si, après *il importe,* ces Pronoms *à moi, à*
toi, etc., sont suivis d'un Adjectif ou d'un Nom, l'on
met au Génitif cet Adjectif ou ce Nom.

Exemples : Il importe à vous seul, *interest tuâ*
unius.

Il importe à moi, César, *refert meâ Cœsaris* [1].

IV.

§ 90 Ces phrases : Il nous importe *à tous deux;* il

---

[1] Si ces pronoms *à moi, à toi,* sont suivis d'un relatif, ce relatif s'accorde en genre et en nombre avec son antécédent. Ex.: *nostrd interest,*
refert, qui sapientes sumus.

vous importe, il leur importe *à tous deux*, se tournent ainsi :

Il importe *à l'un et à l'autre* de nous, de vous, d'eux ; *utriusque nostrûm, vestrûm, illorum interest.*

V.

§ 91. Lorsque les Verbes *refert, interest*, ont pour régime un Nom de chose inanimée, on met ce Nom à l'Accusatif avec *ad*[1].

Exemple : Il importe à notre honneur, *ad honorem nostrum interest.*

RÉGIME *du Verbe impersonnel* EST, *il appartient à.*

I. Est *Regis.*

§ 92. Le Verbe impersonnel *est* veut au Génitif le Nom qui suit le Verbe français.

Exemple : Il est d'un Roi, il appartient à un Roi de défendre ses sujets, *est Regis tueri subditos.*

REMARQUE. On sous-entend *negotium* devant ce Génitif; c'est comme s'il y avait : *est negotium Regis,* c'est l'affaire d'un Roi.

II. Est *meum, tuum, nostrum, vestrum, suum.*

§ 93. Quand on se sert du Verbe *est* pour exprimer *il appartient à, c'est à*, ces Pronoms *à moi, à toi, à nous, à vous, à lui, à eux*, se rendent en latin par *meum, tuum, nostrum, vestrum, suum.*

Exemples : C'est à moi de parler, *ou* il m'appartient de parler, *meum est loqui.* (Sous-entendu *negotium.*)

Le maître croit que c'est à lui de.... ou qu'il lui appartient de.... *tournez*, le maître croit être son affaire, *magister credit suum esse.* (On ne met *suum* que quand *lui* se rapporte au nominatif de la phrase ; autrement ce serait *ejus.*)

---

[1] Mais si la chose peut être personnifiée, on emploiera le Génitif, *Interest senatûs, Reipublicæ.*

III.

§94. Mais, si ces Pronoms, *à moi*, *à toi*, etc., peuvent se tourner par *mien*, *tien*, *notre*, *votre*, on les exprime par *meus*, *tuus*, *noster*, *vester*, que l'on fait accorder avec le Nom.

Exemple : Ce livre est à moi; *tournez*, ce livre est le mien, *hic liber est meus*.

_____

RÉGIME *de l'impersonnel* OPUS EST, *il est besoin*.

Mihi opus est *amico*.

§95. RÈGLE. Quand on exprime *avoir besoin* par l'impersonnel *opus est*, on met en latin au Datif le Nom ou Pronom qui précède le Verbe français, et à l'Ablatif le Nom qui le suit[1].

Exemple : J'ai besoin d'un ami; *tournez*, besoin est à moi, *mihi opus est amico*.

_____

RÉGIME *du Verbe* INTERDICO.

Interdico tibi *domo meâ*.

§96. Le Verbe *interdico* veut le Nom de la personne au Datif, et le Nom de la chose à l'Ablatif.

Exemple : Je vous interdis ma maison, *interdico tibi domo meâ*.

_____

RÉGIME *d'un Verbe sur un autre Verbe*.

I. Amat *ludere*.

§97. RÈGLE. Quand deux Verbes sont de suite, et que

_____

[1] Le nom de la chose dont on a besoin peut aussi être mis au Nominatif comme sujet de la Proposition, et alors *opus* en est l'attribut; Ex. : *Mihi opus est amicus*.

Quand *opus est* doit être suivi d'un Verbe, on emploie ou l'infinitif ou l'ablatif neutre du participe parfait passif; Ex. : *Qu'est-il besoin d'affirmer?* (*quid opus est affirmare*, ou, *affirmato*).

le premier ne marque point de mouvement, on met le second à l'infinitif.

Exemples : Il aime à jouer, *amat ludere.*
Il cessa de parler, *desiit loqui.*

II. Eo *lusum.*

§ 98. Si le premier Verbe signifie mouvement pour aller ou venir en quelque lieu, on met le second au supin en *um*.

Exemples : Je vais jouer, *eo lusum ;* je viens jouer, *venio lusum.*

§ 99. Remarque. Quand le second Verbe n'a point de supin, il faut le tourner par *pour*, et l'exprimer par *ad* avec le gérondif en *dum ;* ou le tourner par *afin que*, et l'exprimer par *ut* avec le subjonctif.

Exemple : Je viens étudier ; *tournez*, pour étudier, *venio ad studendum*, ou afin que j'étudie, *venio ut studeam*. (Le Verbe *studeo* n'a point de supin.)

III. Redeo *ab ambulando.*

§ 100. Lorsque deux Verbes sont de suite, et que le premier signifie mouvement pour venir de quelque lieu, on met le second au gérondif en *do*, avec *a* ou *ab*.

Exemple : Je reviens de me promener, *redeo ab ambulando.*

§ 101. Remarque. Si le second Verbe a un régime, et qu'il gouverne l'Accusatif, il est mieux de se servir du Participe en *dus, da, dum ;* et alors on met le Participe et le régime à l'Ablatif avec *a* ou *ab*, en les faisant accorder.

Exemple : Je revenais de visiter mes terres, *redibam ab agris invisendis.*

IV. Te hortor *ad legendum.*

§ 102. Règle. Après les Verbes qui signifient mouvement vers quelque lieu, ou inclination vers quelque chose, comme *pousser à, exhorter à*, etc., on exprime *à* par *ad*, et l'on met le Verbe au gérondif en *dum*.

Exemples : Je vous exhorte à lire, *te hortor ad legendum ;* à lire l'histoire, *ad legendum historiam.*

§ 103. REMARQUE. Si le second Verbe a un régime, et qu'il gouverne l'Accusatif, il est mieux de se servir du Participe en *dus*, *da, dum*, que l'on met à l'Accusatif avec *ad*, en le faisant accorder avec son régime.

Exemple : Je vous exhorte à lire l'histoire, *te hortor ad legendam historiam*.

V. Consumit tempus *legendo*.

§ 104. Quand *à* devant un infinitif français peut se tourner par *en* et le Participe présent, on met cet infinitif au gérondif en *do*, avec ou sans la Préposition *in*.

Exemples : Il passe son temps à lire; *tournez*, en lisant, *consumit tempus legendo ;* à lire l'histoire, *legendo historiam*, et mieux, *in legendá historiá*.

VI. Dedit mihi libros *legendos*.

§ 105. Quand *à* devant un infinitif français peut se tourner par *pour* avec l'infinitif passif, on se sert du Participe en *dus, da, dum*, que l'on fait accorder avec le Nom qui précède.

Exemple : Il m'a donné des livres à lire, *c'est-à-dire* pour être lus, *dedit mihi libros legendos*.

VII. Vidi eum *ingredientem*.

§ 106. Après les Verbes *voir, sentir, écouter, entendre, admirer*, l'infinitif français se met en latin au Participe présent, que l'on fait accorder avec le régime des Verbes *voir, sentir*, etc [1].

Exemples : Je l'ai vu entrer ; *tournez*, j'ai vu lui entrant, *vidi eum ingredientem ;* vous l'entendrez parler, *illum loquentem audies*.

---

[1] On emploie le Participe présent, lorsqu'on veut représenter l'action comme se faisant. Mais il faut employer l'Infinitif si l'on veut indiquer seulement que l'action a eu lieu, ou qu'elle se fait habituellement.

SYNTAXE DES PRONOMS.

Accord du Pronom avec l'antécédent.

I. Deus *qui regnat.*

§ 107. Règle. Le Pronom relatif, *qui, quæ, quod,* s'accorde en genre et en nombre avec le Nom ou Pronom qui précède, et que l'on nomme *antécédent.*

Exemples : Dieu qui règne, *Deus qui regnat ;* ma mère qui est malade, *mater mea quæ ægrotat ;* l'animal qui court, *animal quod currit.*

Il importe à moi qui enseigne, *refert meâ qui doceo. (Meâ* tient lieu du Génitif *meî.)*

II. Pater et mater *quos amo.*

§ 108. Quand le relatif *qui, quæ, quod,* a deux antécédents, on le met au pluriel ; et si les antécédents sont de différents genres, le relatif s'accorde avec le plus noble.

Exemple : Le père et la mère que j'aime, *pater et mater quos amo.*

III. Virtus et vitium *quæ* sunt *contraria.*

§ 109. Si les deux antécédents sont des choses inanimées, le relatif se met au pluriel neutre.

Exemple : La vertu et le vice qui sont opposés, *virtus et vitium quæ sunt contraria.*

A quel cas faut-il mettre le relatif *qui, quæ, quod?*

RÈGLES PARTICULIÈRES.

I. Qui *relatif.*

§ 110. *Qui* se met au Nominatif, comme on voit par l'exemple *Deus qui regnat.*

Cependant, lorsque le Verbe latin veut à un autre

7

cas le Nom qui est au Nominatif en français, alors le *qui* relatif se met au cas que le Verbe latin demande.

Exemples : L'enfant qui se repent, *puer quem pœnitet :* je mets *quem*, parce que les Verbes *pœnitet, pudet, tœdet,* etc., veulent à l'Accusatif latin le Nom ou Pronom qui précède le Verbe français se *repentir*, etc.

Le maître qui a besoin, *magister cui opus est :* je mets *cui*, parce qu'avec *opus est*, le Nominatif français se met au Datif en latin. Le Roi qui a intérêt, *c'est-à-dire* à qui il importe, *Rex cujus interest.*

§ 111. REMARQUE. Si le *qui* français peut se tourner par *celui que*, mettez-le au cas que gouverne le Verbe précédent.

Exemple : Envoyez qui vous voudrez ; *tournez*, celui que vous voudrez, *mitte quem voles*. (Sous-entendu *mittere*.)

II.

§ 112. *Que* relatif se met toujours au cas du Verbe suivant.

Exemples : Dieu que j'aime, *Deus quem amo ;* la grammaire que j'étudie, *grammatica cui studeo*.

La grammaire que je veux étudier, *grammatica cui volo studere*. (*Cui*, parce qu'il est régime du second Verbe.)

§ 113. REMARQUE. Si le *que* relatif est gouverné par deux Verbes qui veulent différents cas, on l'exprime deux fois, et on le met au cas de chaque Verbe.

Exemple : Les pauvres que nous devons aimer et secourir, *pauperes quos amare et quibus opitulari debemus*[1].

III. *Dont* ou *de qui.*

§ 114. *Dont, de qui,* est toujours gouverné par le

---

[1] *Qui, quœ, quod,* entre deux Noms s'accorde avec l'attribut plutôt qu'avec son antécédent.

Exemple : L'animal que nous appelons lion, *animal quem vocamus leonem*.

On peut n'exprimer l'antécédent qu'après le *qui* ou *que* relatif ; et alors on met l'antécédent au même cas que le relatif.

Exemple : La lettre que vous avez écrite m'a été très-agréable ; au lieu de dire : *Litteræ, quas scripsisti, mihi fuerunt jucundissimæ*, dites : *Quas scripsisti litteras, eæ mihi fuerunt jucundissimæ*.

mot de la phrase après lequel on peut mettre par interrogation, *de qui? de quoi?* Ce mot est ou un Nom, ou un Adjectif, ou un Verbe.

§ 115. 1° Quand *dont* est gouverné par un Nom, il se met au Génitif.

Exemple : Dieu, dont nous admirons la providence (on peut demander, *la providence de qui?*), *Deus, cujus providentiam miramur.*

§ 116. 2° Quand *dont* est gouverné par un Adjectif, il se met au cas que régit cet Adjectif.

Exemple : La récompense dont vous êtes digne (on peut demander *digne de quoi?*), *merces quâ dignus es.*

§ 117. 3° Quand *dont* est gouverné par un Verbe, il se met au cas du Verbe.

Exemple : Les livres dont je me sers, *libri quibus utor.*

IV. *A qui.*

§ 118. *A qui* se met au cas que demande le Verbe ou l'Adjectif auquel il se rapporte.

Exemple : L'homme à qui vous avez rendu service, *homo cui officium præstitisti ;* ou, par un autre cas, *homo in quem officium contulisti.*

L'enfant à qui cela est utile, *puer cui id utile est.*

V. *Par qui.*

§ 119. *Par qui,* suivi d'un Verbe passif, se met à l'Ablatif avec *a* ou *ab.*

Exemple : Romulus, par qui Rome fut fondée, *Romulus, a quo Roma condita fuit.*

§ 120. *Par qui,* signifiant *par le moyen duquel,* s'exprime par *per* avec l'Accusatif.

Exemple : Celui par qui j'ai obtenu ma grâce, *c'est-à-dire* par le moyen duquel, *is per quem veniam impetravi.*

PRONOMS, *me, te, se, nous, vous, le, la, les, en, y.*

I.

§ 121. Les Pronoms *me, te, se, nous, vous,* se mettent au cas que gouverne le Verbe ou l'Adjectif
auquel ils se rapportent.

Exemples : Il m'a obéi, *c'est-à-dire* il a obéi à moi,
mihi paruit. Je vous ai donné un livre, *c'est-à-dire* j'ai
donné à vous, *tibi dedi librum.* Cela nous sera utile,
id nobis erit utile. Vous me louez, *me laudas.* Vous
me favorisez, *mihi faves.*

II.

§ 122. *Le, la, les,* se mettent toujours au cas du
Verbe suivant, et ils s'accordent en genre et en nombre
avec le Nom auquel ils se rapportent.

Exemple : Je vous ai promis un livre, je vous le donnerai, *tibi promisi librum, hunc tibi dabo.*

§ 123. Si *le* n'est pas précédé d'un Nom auquel il
se rapporte, on le tourne par *cela,* et on l'exprime
par *hoc, id, illud.*

Exemple : Je ne le ferai pas; *tournez,* je ne ferai
pas cela, *hoc non agam.*

III.

§ 124. *Lui, leur,* se tournent toujours par *à lui, à
elle, à eux,* et ils sont gouvernés par un Verbe ou par
un Adjectif.

Exemples : Vous lui direz; *tournez,* vous direz à lui,
dices ei.

Cela leur est facile; *tournez,* est facile à eux, *id illis
facile est.*

IV.

§ 125. *En* se tourne par *de lui, d'elle, d'eux, d'elles,*

et il est gouverné ou par un Nom, ou par un Adjectif, ou par un Verbe.

Exemples : J'ai vu votre maison, et j'en ai admiré la beauté, *c'est-à-dire* la beauté d'elle, *vidi tuam domum, et illius pulchritudinem miratus sum.*

Vous en êtes bien content, *illâ sanè contentus es.*

J'aime cet enfant, et j'en suis aimé, *c'est-à-dire*, je suis aimé de lui, *puerum diligo, et ab eo diligor.*

V.

§126. *Y* se tourne par *à lui, à elle, à eux, à elles,* et se met au cas du Verbe suivant.

Exemple : L'affaire est très-importante, j'y donnerai mes soins, *c'est-à-dire* à elle, *res est gravissima, huic operam dabo.*

Voyez *en, y,* dans les Adverbes de lieu.

VI. Se.

§ 127. 1° On exprime *se* par *sui, sibi, se,* en le mettant au cas du Verbe, quand le Nominatif est une chose animée qui fait sur elle-même l'action que marque le Verbe.

Exemples : L'orgueilleux se loue ; comme c'est l'orgueilleux qui se loue lui-même, dites : *Superbus se laudat ;* il se flatte, *sibi blanditur.*

§ 128. 2° Si le Pronom *se* a rapport à un Nominatif de chose inanimée, ou même animée qui ne fasse pas sur elle-même l'action marquée par le Verbe, on tourne ce Verbe par le passif [1].

Exemples : Ce mot se trouve dans Phèdre ; *tournez,* ce mot est trouvé, *vox illa invenitur apud Phœdrum.*

Il ne s'ébranle pas de vos menaces ; *tournez,* il n'est pas ébranlé, *minis non movetur tuis.*

---

[1] On n'exprime pas en latin le Pronom *se:* 1° quand il appartient à un Verbe pronominal, comme *il se tait, il se plaint, il se hâte* ; 2° quand il ne fait que donner au Verbe le sens passif.

§ 129. Remarque. Dans les trois phrases suivantes, les Nominatifs sont regardés comme choses animées.

Le poison se glisse dans les veines, *venenum sese in venas insinuat.* Si l'occasion se présente, *si se dederit occasio.* Si la chose se passe ainsi, *si res ita se habeat.*

§ 130. 3° Quand *se* a rapport à deux Nominatifs qui font l'un sur l'autre l'action que marque le Verbe, on ajoute l'Adverbe *invicem* au Pronom *suí, sibi, se,* à moins qu'il ne soit gouverné par une Préposition.

Exemples : Pierre et Jean se louent, *Petrus et Joannes se invicem laudant;* ils se battent, *inter se pugnant.*

Qui *interrogatif.*

§ 131. Le *Qui* interrogatif n'a point d'antécédent : on le connaît, quand il peut se tourner par *quelle personne?*

I. Quis *vestrûm, ou ex vobis, ou inter vos?*

§ 132. Le *qui* interrogatif s'exprime par *quis, quæ, quod,* ou *quisnam, quænam, quodnam,* et le Nom pluriel qui suit se met au Génitif, ou à l'Ablatif avec *e, ex,* ou à l'Accusatif avec *inter.*

Exemples : Qui de vous? *Quis vestrûm,* ou *ex vobis,* ou *inter vos?*

Qui est content de son sort? *Quis suâ sorte contentus est?*

II. Uter est doctior, *tune an frater?*

§ 133. *Qui des deux,* ou *lequel des deux,* s'exprime par *uter, utra, utrum,* et les deux Noms qui suivent se mettent au même cas que *uter :* on met *ne* après le premier, et *an* devant le second; le superlatif français se met au comparatif latin.

Exemple : Lequel des deux est le plus savant, de vous ou de votre frère? *Uter est doctior, tune an frater?*

III.

§ 134. *Qui* interrogatif est tantôt le Nominatif, et tantôt le régime du Verbe suivant.

1° Il est le nominatif, quand on peut le tourner par *qui est celui qui.*

Exemple : Qui vous a appelé? *c'est-à-dire* qui est celui qui vous a..... *quis te vocavit?*

§ 135. 2° Il est le régime, quand on peut le tourner par *qui est celui que.....*

Exemple : Qui appelez-vous? *c'est-à-dire* qui est celui que..... *quem vocas ?*

QUE *interrogatif.*

§136. Le *que* interrogatif se tourne par *quelle chose,* et il s'exprime par *quid,* lorsque le Verbe suivant gouverne l'Accusatif.

Exemple : Que faites-vous? *tournez ,* quelle chose faites-vous? *Quid agis?*

§ 137. Mais si le Verbe suivant gouverne un autre cas, il faut exprimer le mot *chose.*

Exemple : Qu'étudiez-vous, *c'est-à-dire* quelle chose étudiez-vous? *Cui rei studes?*

§138. *Quoi* ou *que,* au commencement d'une phrase, se tourne par *quelle chose,* et s'exprime par *quid* [1].

Exemples : Quoi de plus beau que la vertu? **Quid virtute pulchrius?** Que sera-ce, si...? **Quid futurum est si...?**

QUEL, QUELLE.

I.

§139. *Quel, quelle,* s'expriment aussi par *quis, quæ,*

---

[1] *Que,* au commencement d'une phrase, signifiant *Pourquoi,* s'exprime par *quid* ou *cur.*

quod, ou *quisnam, quænam, quodnam*, et s'acordent avec le Nom suivant en genre, en nombre et en cas.

Exemples : Quelle mère n'aime pas ses enfants? *Quæ* ou *quænam mater liberos suos non amat?*

Quel avantage y a-t-il dans la vie? *Quod commodum habet vita?* ou mieux : *Quid commodi habet vita?* (*Quel*, suivi d'un Nom de chose, s'exprime mieux par *quid* avec le Génitif[1].)

II.

§ 140. *Quel, quelle*, signifiant *quantième*, s'expriment par *quotus, quota, quotum*, et l'on répond par le nombre ordinal.

Exemple : Quelle heure est-il? — Sept heures. *Quota hora est?* — *Septima.*

III.

§ 141. *Quel, quelle*, quand on peut ajouter le mot *grand*, s'expriment par *quantus, quanta, quantum.*

Exemple : Quel malheur nous menace! c'est-à-dire quel grand malheur! *Quanta nobis instat pernicies!*

QUIS TE REDEMIT? JESUS CHRISTUS.

§ 142. RÈGLE. La réponse se met ordinairement au même cas que la demande.

Exemples : Qui vous a racheté? — Jésus-Christ *Quis te redemit?* — *Jesus Christus.*

Qui a pitié des paresseux? — Personne. *Quem miseret pigrorum?* — *Neminem.*

REMARQUE. Le Verbe de la demande est toujours sous-entendu dans la réponse; ainsi, quand on dit : *Qui vous a racheté?* et

---

[1] Il y a cette différence entre *quod* et *quid*, interrogatifs, que *quod* est toujours adjectif, et se joint à un nom, tandis que *quid* est toujours substantif, comme le français *quoi*, et ne peut s'employer que seul ou avec un adjectif.

que l'on répond : *Jésus-Christ*, c'est comme si l'on disait : *Jésus-Christ m'a racheté.*

§ 143. Cependant, avec les impersonnels *est, refert, interest,* la réponse, quand elle se fait par un Pronom, se met à un autre cas.

Exemples : A qui importe-t-il? — A moi. *Cujusnam interest?* — *Meá.* A qui appartient-il de parler? — A vous. *Cujus est loqui?* — *Tuum* [1].

OBSERVATION.

§ 144. Quand on interroge sans négation, on met en latin *an* ou *num* devant le premier mot, ou *ne* après et la réponse se fait par le Verbe de l'interrogation [2].

Exemples : Dormez-vous? *Num dormis?* Non, *Non dormio.* (*Num* s'emploie quand la réponse doit être négative.)

Avez-vous vu le Roi? *Vidistine Regem*? Oui, *Vidi* [3].

§ 145. Si l'interrogation se fait par deux négations, *ne je pas, ne tu pas*, etc., on met *annon* ou *nonne* devant le premier mot [4].

Exemple : N'avez-vous pas vu le Roi? *Annon* ou *nonne vidisti Regem?* Non, *Non vidi.*

§ 146. Quand on commande, le Verbe se met à l'impératif.

Exemple : Laquais, chassez les mouches, *puer, abige muscas.*

§ 147. Si le Verbe est à la troisième personne, on emploie la troisième personne du présent du subjonctif, et l'on n'exprime pas le *que* français.

Exemple : Qu'il s'en aille, le traître, *abeat proditor.*

---

[1] Voyez la Syntaxe de *Refert, Interest, il importe*, page 138 ; de *Est, il appartient à*, page 159.

[2] Si l'interrogation tient lieu de *lorsque*, on l'exprime par *quum* avec l'indicatif : Avait-il soupé, il s'en allait ; *tournez*, lorsqu'il avait soupé, il.... *quum cœnaverat, abibat.*

[3] Le véritable signe de l'interrogation simple et directe est *ne*. On ne peut jamais entrer en matière par *an*.

[4] Ce que nous venons de dire pour *an*, nous le répétons pour *an-non.*

§ 148. Quand on défend, on met *ne* avec le subjonctif ou l'impératif; ou bien l'on se sert de *noli* pour le singulier, *nolite* pour le pluriel, avec l'infinitif.

Exemple : N'insultez pas les malheureux, *ne insultes* ou *ne insulta miseris ;* ou bien, *noli, nolite insultare miseris.* (On met *nolite* pour le pluriel.)

§ 149. Lorsque le Verbe est à la troisième personne, on se sert toujours de *ne* avec le subjonctif.

Exemples : Qu'il ne dise pas, *ne dicat ;* qu'il ne sorte pas de la maison, *domo ne exeat.*

SYNTAXE DES PARTICIPES.

§ 150. Il y a en latin deux participes de l'actif, comme *amans,* aimant, *amaturus,* devant aimer; deux du passif, comme *amatus,* aimé, *amandus,* devant être aimé.

Les Participes sont de véritables Adjectifs, qui s'accordent en genre, en nombre et en cas, avec le Nom auquel ils se rapportent; et, de plus, ils gouvernent le même cas que les Verbes d'où ils viennent.

I. *Participes joints au Nominatif.*

§ 151. Le Participe qui se rapporte au Nominatif du Verbe s'accorde avec ce Nominatif en genre, en nombre et en cas.

Exemples : Un coq, cherchant de la nourriture, trouva une perle, *gallus, escam quærens, margaritam reperit.*

Cicéron devant prononcer un discours, *Cicero orationem habiturus.*

L'enfant, ayant été interrogé, répondit, *puer interrogatus respondit.*

Devant être interrogé, il craignait, *interrogandus timebat.*

II. *Participes joints au régime du Verbe.*

§ 152. Le Participe qui se rapporte au régime du Verbe s'accorde avec ce régime en genre, en nombre et en cas. (Le Participe se rapporte ordinairement au régime du Verbe, quand ce régime est un des Pronoms *le, la, les, lui, leur.*)

Exemples : La ville ayant été prise, l'ennemi la pilla; *tournez*, l'ennemi pilla la ville prise, *urbem captam hostis diripuit.*

Les citoyens devant être passés au fil de l'épée, le vainqueur leur pardonna; *tournez*, le vainqueur pardonna aux citoyens devant être passés... *Civibus ferro necandis victor pepercit.*

III. *Ablatif absolu.*

§ 153. Quand le Participe ne se rapporte ni au Nominatif ni au régime du Verbe, on met à l'Ablatif ce Participe et le Nom auquel il est joint, les faisant accorder en genre et en nombre.

Exemples : Les parts étant faites, le lion parla ainsi, *partibus factis, sic locutus est leo.*

La lettre étant déjà écrite, votre esclave est venu, *scriptá jam epistolá, venit puer tuus.* (Voy. *Participes français,* ci-après [1].)

SYNTAXE DES PRÉPOSITIONS.

§ 154. On a vu, dans la première partie, qu'il y a trente Prépositions qui gouvernent l'Accusatif, et quinze qui gouvernent l'Ablatif.

Les Prépositions servent principalement à marquer de quelle manière une chose se fait, en quel lieu, dans quel temps; c'est-à-dire les différentes circonstances

---

[1] Le participe *étant* n'existant pas en latin, il suffit, pour en tenir lieu, de mettre à l'Ablatif le sujet et l'attribut : *Romulus étant roi, Romulo rege.*

de temps, de lieu, de manière, etc. On sous-entend quelquefois les Prépositions, quoiqu'elles soient toujours la véritable cause du régime. J'indiquerai par des signes les Prépositions sous-entendues.

I. *Noms de matière.*

Vas *ex auro.*

§ 155. Le Nom qui exprime la matière dont une chose est faite se met à l'Ablatif avec *e* ou *ex* [1].

Exemples : Un vase d'or, *vas ex auro.*

Une statue d'airain, *signum ex œre* [2].

II. *Noms de mesure, de distance et d'espace.*

Velum longum *tres ulnas* ou *tribus ulnis.*

§ 156. Le Nom qui marque la mesure ou la distance se met à l'Accusatif ou à l'Ablatif sans Préposition.

Exemples : Un voile long de trois aunes, *velum longum tres ulnas,* ou *tribus ulnis.*

Il est éloigné de vingt pas, *abest* ou *distat viginti passibus* [3].

§ 157. Si le Nom de mesure est précédé d'un comparatif, il se met toujours à l'Ablatif.

Exemple : Vous n'êtes pas plus grand que moi de deux doigts, *duobus digitis major me non es.*

§ 158. Le lieu précis où une chose est arrivée se met à l'Ablatif sans Préposition, ou à l'accusatif avec *ad ;* et alors on se sert du nombre ordinal, *primus, secundus, tertius,* etc.

Exemple : Il est tombé à dix pas d'ici, *cecidit decimo abhinc passu,* ou *ad decimum abhinc passum.*

---

[1] On n'emploie l'Ablatif qu'en parlant des objets faits de main d'homme. S'il s'agit des ouvrages de la nature, réels ou supposés, on se sert du Génitif: *flumina lactis, montes auri.*

[2] On pourrait aussi du Nom de matière faire un Adjectif, qui doit s'accorder avec le Nom : *signum œneum.*

[3] On peut aussi employer le Génitif avec *spatio,* et dire : *viginti passuum spatio.*

III. *Noms de l'instrument, de la cause, de la manière,* etc.

§ 159. Le Nom de l'instrument dont on se sert pour faire quelque chose, la cause pourquoi elle se fait, la manière dont elle se fait, et le Nom de la partie, se mettent à l'Ablatif sans Préposition.

Exemple (du Nom d'instrument) : Frapper de l'épée *ou* avec l'épée, *ferire gladio.*

Exemple (du Nom de cause) : Il mourut de faim, *fame interiit.*

Exemple (du Nom de manière) : Vous l'emportez en beauté, en grandeur, *vincis formâ, vincis magnitudine.*

Exemple (du Nom de la partie) : Je tiens le loup par les oreilles, *teneo lupum auribus* [1].

IV. *Noms du prix, de la valeur.*

Hic liber constat *viginti assibus.*

§ 160. Le Nom qui marque le prix, la valeur de quelque chose, se met l'Ablatif sans Préposition.

Exemple : Ce livre coûte vingt sous, *hic liber constat viginti assibus.*

V. *Noms de temps.*

Veniet *die dominicâ.*

§ 161. Si l'on veut marquer quand une chose s'est faite ou se fera, *quando,* le Nom de temps se met à l'Ablatif sans Préposition.

Exemples : Il viendra dimanche, *veniet die dominicâ ;* le mois prochain, *mense proximo ;* à trois heures, *horâ tertiâ.* (A la question *quando,* l'on se sert du nombre ordinal [2].)

---

[1] Ce proverbe signifie que l'on est fort embarrassé, le péril étant le même à retenir et à lâcher l'animal.

[2] Le nombre ordinal et le nombre cardinal peuvent être également

Regnavit *tres annos* ou *tribus annis.*

§ 162. Quand on veut marquer combien de temps une chose a duré ou durera, *quandiu,* le Nom de temps se met à l'Accusatif ou à l'Ablatif sans Préposition, et l'on se sert du nombre cardinal [1].

Exemple : Il a régné trois ans, *regnavit tres annos* ou *tribus annis.*

Tertium annum regnat.

§ 163. Quand on veut marquer depuis quel temps une chose se fait, *a quo tempore,* le Nom de temps se met à l'Accusatif, et l'on se sert du nombre ordinal ou cardinal.

Exemples : Il y a trois ans qu'il règne, *tertium annum regnat.* Cic. On dit aussi *a tribus annis.*

Il y a plusieurs années que je suis lié avec votre père, *multos annos utor familiariter patre tuo.*

§ 164. Si le temps est passé, et qu'il ne dure plus, on met le Nom de temps à l'Accusatif, ou à l'Ablatif avec *abhinc,* et l'on se sert du nombre cardinal [2].

Exemple : Il y a trois ans qu'il est mort, *abhinc tribus annis* ou *abhinc tres annos mortuus est.*

Id fecit *intra tres dies.*

§ 165. Quand on veut marquer en quel espace de temps une chose s'est faite ou se fera, *quanto tempore,* le Nom de temps se met à l'Accusatif avec *intra* [3].

---

employés. On dira aussi bien : *viginti post annis,* et *vigesimo post anno,* vingt ans ou *la vingtième année après.*

[1] Remarquons que l'Accusatif exprime mieux la durée non interrompue, et si l'on veut le marquer encore avec plus de précision, on ajoute la préposition *Per.*

[2] On peut aussi employer le nombre cardinal avec *ante* et le démonstratif *hic, hæc, hoc : ante hos tres annos mortuus est.*

[3] Cette manière de parler est assez rare. Le plus souvent on met à l'Ablatif sans préposition le terme qui exprime en combien de temps une action s'est faite ou se fera.

Exemple : Dieu a créé le monde en six jours, *Deus mundum creavit intra sex dies.*

§ 166. *Dans,* suivi d'un Nom de temps, s'exprime par *post* avec l'Accusatif, quand il peut se tourner par *après.*

Exemple : Je partirai dans trois jours, c'est-à-dire après trois jours, *post tres dies proficiscar* [1].

Noms de lieu.

§ 167. Il y a quatre questions de lieu : *Ubi,* où l'on est ; *Quò,* où l'on va ; *Unde,* d'où l'on vient ; *Quà,* par où l'on passe.

I. QUESTION *UBI.*

§ 168. Quand on marque le lieu où l'on est, où l'on fait quelque chose, c'est la question *Ubi.*

Sum *in Galliâ, in urbe.*

§ 169. 1° A la question *Ubi,* le Nom de lieu se met à l'Ablatif avec *in* [2].

Exemples : Je suis en France, *sum in Galliâ;* dans la ville, *in urbe.*

Il se promène dans le jardin, *ambulat in horto.* (On met *horto* à l'Ablatif, parce qu'il ne sort pas du lieu.)

Natus est *Avenione, Athenis.*

§ 170. 2° On sous-entend la Préposition, quand c'est un Nom propre de ville [3].

Exemples : Il est né à Avignon, *natus est Avenione;* à Athènes, *Athenis.*

---

[1] On peut aussi dire avec l'Ablatif : *triduo proficiscar.* La même chose a lieu pour *biduum, deux jours,* et *quatri duum, quatre jours.*

La question *pour quel temps,* se résout par *in* avec l'Accusatif : *Eum invitavit in posterum diem, il l'invita pour le lendemain.*

[2] Lorsque ce nom est celui d'un pays, ou un terme général, comme *monde, pays, île, ville, forêt, jardin,* etc.

[3] Souvent même avec un Nom commun, lorsqu'il est accompagné de quelque Adjectif déterminatif, comme *tout, le même,* etc.

Habitat *Lugduni*, *Romæ*.

§ 171. 3º Si le Nom propre de ville est au singulier, et de la première ou seconde déclinaison, on le met au Génitif (parce qu'on sous-entend *in urbe*.)

Exemples : Il demeure à Lyon, *habitat Lugduni*; à Rome, *Romæ*.

§172. Les Noms *domus*, *humus*, se mettent aussi au Génitif, *domi*, *humi*... Est-il à la maison? *Est-ne domi?* On dit aussi *militiæ* ou *belli*, en temps de guerre (sous-entendu *tempore*.)

Cœnabam *apud patrem*.

§173. 4º Le Nom de la personne est à l'Accusatif avec *apud*.

Exemple : Je soupais chez mon père, *cœnabam apud patrem*.

II. QUESTION *QUO*.

§174. La Question *Quò* se connaît lorsque le Verbe signifie mouvement pour aller, venir en quelque lieu, partir pour quelque lieu.

Eo *in Galliam*, *in urbem*.

§175. 1º A la question *Quò*, le Nom du lieu où l'on va se met à l'Accusatif avec *in*, quand on entre dans le lieu; et avec *ad*, quand on ne va qu'auprès.

Exemples : Je vais en France, *eo in Galliam*; à la ville, *in urbem*.

Ils vinrent au même ruisseau, *venerunt ad eumdem rivum*.

Ibo *Lutetiam*, *Lugdunum*.

§176. 2º On sous-entend la Préposition, quand c'est un Nom propre de ville, et devant *rus*, *domum*.

Exemples : J'irai à Paris, *ibo Lutetiam*; à Lyon, *Lugdunum*.

Je vais à la campagne, *eo rus ;* à la maison, *eo domum.*

§ 177. REMARQUE. Si l'on se sert du Verbe *petere* pour exprimer *aller,* on met le Nom de lieu à l'Accusatif sans Préposition : Je vais au collége, *peto collegium.*

Eo *ad patrem, ad sacram concionem.*

§ 178. 3° Le Nom de la personne et celui de la chose se mettent à l'Accusatif avec *ad.*

Exemple : Je vais chez mon père, *eo ad patrem ;* au sermon, *ad sacram concionem.*

III. QUESTION *UNDE.*

§179. La question *Unde* se connaît lorsque le Verbe signifie mouvement pour partir ou venir de quelque lieu.

Redeo *ex Galliâ, ex urbe.*

§ 180. 1° A la question *unde,* le Nom du lieu d'où l'on part, d'où l'on vient, se met à l'Ablatif avec *e* ou *ex.*

Exemples : Je reviens de la France, *redeo ex Galliâ ;* de la ville, *ex urbe.*

Il est sorti de sa chambre, *egressus est e cubiculo.*

Redeo *Lugduno, Româ.*

§181. 2°On sous-entend la Préposition, quand c'est un Nom propre de ville, et devant *rure, domo.*

Exemples : Je reviens de Lyon, *redeo Lugduno ;* de Rome, *Româ ;* de la campagne, *rure*[1] *;* de la maison, *domo.*

Venio *a patre, a venatione.*

§182. 5° Le Nom de la personne et celui de la chose se mettent à l'Ablatif avec *a* ou *ab.*

Exemples : Je viens de chez mon père, *venio a patre ;* de la chasse, *a venatione.*

---

[1] A la question *ubi,* c'est la forme *Ruri* que l'on doit employer de préférence à *Rure,* qui est réservé pour la question *unde.*

IV. QUESTION *QUA*.

§ 183. Quand on marque le lieu par où l'on passe, c'est la question *Quà*.

Iter feci *per Galliam; per Lugdunum.*

§ 184. A la question *Quà*, tous les Noms des lieux par où l'on passe, se mettent à l'Accusatif avec *per*.

Exemples ; J'ai passé par la France, *iter feci per Galliam;* par Lyon, *per Lugdunum.*

§ 185. Quand on se sert de *transire*, Verbe composé de *ire*, aller, et *trans*, au-delà, on met l'Accusatif sans la Préposition *per :* Il passa par la ville, *transiit urbem.*

Iter faciam *per domum avunculi mei.*

§ 186. *Par chez*, avec un Nom de personne, se tourne ainsi : *par la maison de*, et se dit en latin *per domum.*

Exemple : Je passerai par chez mon oncle, *iter faciam per domum avunculi mei.*

§ 187. REMARQUE. Quand, après un Nom propre de ville, se trouve le Nom commun *ville, endroit*, on met d'abord le Nom propre au cas marqué dans chaque question, mais on exprime la Préposition devant le Nom commun [1].

Exemples : Ils s'arrêtèrent à Corinthe, lieu célèbre, *constiterunt Corinthi, in loco nobili.*

Je vais à Rome, ville d'Italie, *eo Romam, in urbem Italiæ.*

Je reviens de Lyon, ville de France, *redeo Lugduno, ex urbe Galliæ.*

§ 188. Si le nom commun *ville* est devant le Nom propre, il faut exprimer la Préposition, et mettre le Nom propre au cas de la Préposition.

Exemple : Il demeure dans la ville de Lyon, *habitat in urbe Lugduno.*

§ 189. *Domus* et *rus*, suivis d'un génitif ou d'un Adjectif, prennent la Préposition. Il demeure dans la maison de César, dans une campagne agréable, *habitat in domo Cæsaris, in rure amœno.*

---

[1] Ou on ne l'exprime pas indifféremment.

§ 190. ADVERBES DE LIEU.

QUESTION *Ubi.*	QUESTION *Quò.*	QUESTION *Unde.*	QUESTION *Quà.*
Où, *ubi.*	Où, *quò.*	D'où, *unde.*	Par où, *quà.*
Ici où je suis, *hìc.*	Ici où je suis, *huc.*	D'ici où je suis, *hinc.*	Par ici où je suis, *hàc.*
Là où tu es, *istic.*	Là où tu es, *istuc.*	De là où tu es, *istinc.*	Par là où tu es, *istàc.*
Là où il est, *illic.*	Là où il est, *illuc.*	De là où il est, *illinc.*	Par là où il est, *illàc.*
Là, y, *ibi.*	Là, y, *eò.*	De là, en, *inde.*	Par là, y, *eà.*
Ailleurs, *alibi.*	Ailleurs, *aliò.*	De quelque part, *alicunde.*	Par quelque endroit, *aliquà.*
Quelque part, *alicubi, uspiam.*	Quelque part, *quopiam.*	De quelque endroit que ce soit, *undecunque.*	Par quelque endroit que ce soit, *quàcunque.*
Partout où, en quelque lieu que ce soit, *ubicunque.*	Partout où, en quelque lieu que ce soit, *quocunque.*		
Là même, *ibidem.*	Là même, *eòdem.*	Du même lieu, *indidem.*	Par le même lieu, *eàdem.*
Nulle part, *nusquam.*	Nulle part, *nusquam.*		
Dehors, *forìs.*	Dehors, *foras.*		
Dedans, *intus.*	Dedans, *intrò.*		

SYNTAXE DES ADVERBES.
Régime.

§ 191. Les Adverbes de quantité gouvernent le Génitif.

Exemples : Peu de vin, *parum vini.*

Beaucoup d'eau, *multùm aquæ.*

Plus de force, *plus virium.*

Moins de vertu, *minùs virtutis.*

Assez de paroles, *satìs verborum.*

Trop de piéges, *nimis insidiarum.*

§ 192. Les Adverbes de temps et de lieu gouvernent le Génitif.

Exemple : En quel lieu du monde? *ubi terrarum?*
Nulle part, en aucun lieu du monde, *nusquam gentium*.

§ 193. *Pridie*, la veille, *postridie*, le lendemain, veulent le Génitif ou l'Accusatif.

Exemples : Le jour de devant les calendes, *pridie calendarum* ou *calendas* (on sous-entend *ante*).

Le jour d'après les ides, *postridie iduum* ou *idus* (sous-entendu *post*).

§ 194. *En, ecce*, voici, voilà, veulent après eux le Nominatif ou l'Accusatif[1]. Voici, voilà le loup, *en, ecce, lupus* (sous-entendu *adest*); *en, ecce lupum*, (sous-entendu *aspice*).

§ 195. *Ergò*, employé pour *causâ*, veut le Génitif, et se met après son régime : A cause de lui *ou* pour l'amour de lui, *illius ergò*.

§ 196. *Instar*, comme, veut le Génitif, et se met après son régime : Comme une montagne, *montis instar*.

§ 197. *Obviàm*, au-devant, veut le Datif : Aller au-devant de quelqu'un, *ire obviàm alicui*.

SYNTAXE DES CONJONCTIONS.

Régime.

§ 198. Parmi les Conjonctions, les unes gouvernent le subjonctif, les autres gouvernent l'indicatif. Voici celles dont l'usage est le plus fréquent.

§ 199. *Quum*, signifiant *lorsque*, ne veut le subjonctif que devant l'imparfait[2].

Exemple : Lorsque la ville d'Athènes florissait, *quum Athenæ florerent*.

---

[1] L'Accusatif est rare, et seulement usité en poésie.
[2] Cependant, s'il s'agit d'une action habituelle et plusieurs fois répétée, l'emploi de l'indicatif est indispensable.

§ 200. *Quum*, signifiant *puisque, vu que, comme*, régit toujours le subjonctif[1].

Exemples : Puisque vous le voulez, *quum id velis*.

Puisque vous l'avez voulu, *quum id volueris*.

§ 201. *Dum*, signifiant *tandis que*, ne veut le subjonctif que devant l'imparfait[2].

Exemple : Tandis qu'un chien portait de la chair, *dum canis ferret carnem*.

§ 202. *Dum*, signifiant *pourvu que, jusqu'à ce que*, veut toujours le subjonctif.

Exemple : Pourvu que je porte mon bât, *clitellas dum portem meas*.

§ 203. *Si* régit le subjonctif devant l'imparfait et le plus-que-parfait[3].

Exemple : Si tu le faisais, si tu l'avais fait à cause de moi, *id si faceres, si fecisses causâ meâ*.

§ 204. Remarque. Quand, après *si*, il y a un second Verbe au futur, on met bien le premier Verbe au même futur.

Exemples : Si vous venez, vous me ferez plaisir, *si veneris, pergratum mihi feceris*.

Si vous lisez ce livre, j'en serai charmé, *quem librum si leges, lætabor*.

§ 205. *Ut*, signifiant *afin que, pour*, gouverne toujours le subjonctif.

Exemple : Afin que je repose pendant le jour, *luce ut quiescam*.

§ 206. *Ut*, signifiant *comme, de même que*, veut l'indicatif.

Exemple : Comme on dit, *ut aiunt*.

§ 207. *Ut*, signifiant *aussitôt que, dès que*, veut l'indicatif.

Exemple : Dès que je fus sorti de la ville, *ut ab urbe discessi*. (Voy. *Conjonctions françaises*, ci-après.)

---

[1] De même, quand il signifie *quoique*.

[2] Même devant l'imparfait, il vaut mieux se servir de l'indicatif. Les exemples du subjonctif appartiennent aux poètes et aux écrivains postérieurs au bon siècle.

[3] Cependant, on se sert de l'indicatif toutes les fois que *si* équivaut à *lorsque*.

TROISIÈME PARTIE.

MÉTHODE, ou Manière de rendre en latin les *Gallicismes* qui se rencontrent le plus fréquemment.

Les différences qui se trouvent entre les deux langues, relativement aux Noms et aux Adjectifs, sont indiquées dans le dictionnaire. Il suffit d'avertir les enfants de faire attention au genre de chaque Nom latin. Ils doivent aussi, quand ils cherchent un Verbe, remarquer s'il est actif, neutre ou déponent.

CHAPITRE PREMIER.
DES VERBES.

Verbes à l'indicatif ou au subjonctif en français, qu'il faut tourner en latin par l'infinitif ou que *retranché.*

§ 208. On appelle *que retranché*[1] celui qui, étant entre deux Verbes français, ne peut pas se tourner par *lequel, laquelle,* et qui ne s'exprime point en latin.

Je crois que vous pleurez; *tournez,* je crois vous pleurer.

§ 209. RÈGLE. Après les Verbes *croire, savoir, assurer, être persuadé, prétendre, promettre, espérer*[2], etc., on n'exprime pas *que*; mais on met à l'Accusatif le Nom ou Pronom qui suit, et le second Verbe à l'infinitif latin.

Exemple: Je crois que vous pleurez, *credo te flere.*

§ 210. Quand le *que retranché* est suivi d'une *phrase incidente,* ce n'est pas le Verbe de la phrase incidente qui se met à l'infi-

---

[1] Le *que* n'est retranché ni en français, où il sert de lien à deux propositions, ni en latin, où l'infinitif remplit la même fonction. Il fallait dire que le latin ne possède aucune conjonction qui réponde au français *que* employé en ce sens, et qu'il y supplée par l'infinitif, de telle sorte que la seconde proposition devient ou le sujet ou le régime de la première.

[2] Ces Verbes sont compris sous la dénomination de Verbes *déclaratifs.*

nitif, mais c'est l'autre Verbe, qui est ordinairement le dernier.

Exemple: Soyez persuadé qu'un enfant (qui honore ses parents) sera aimé de Dieu, *persuasum habeto puerum (qui parentes veretur) a Deo amatum iri.*

On appelle *phrase incidente* celle qui est jointe à une autre par un de ces mots, *qui, pour, si,* etc.

§ 211. A quel temps de l'infinitif latin faut-il mettre le Verbe français qui suit le *que retranché* [1] ?

RÈGLES PARTICULIÈRES.

I.

Temps du Verbe français qu'il faut mettre au présent de l'infinitif latin.

§ 212. 1° Mettez au présent de l'infinitif le présent de l'indicatif français.

Exemple : Je crois qu'il lit, *credo illum legere.*

§ 213. 2° Mettez au présent de l'infinitif l'imparfait de l'indicatif, quand le premier Verbe est à l'un des trois parfaits.

Exemple : Je croyais, j'ai cru, j'avais cru qu'il lisait; *credebam, credidi, credideram illum legere* [2].

§ 214. 3° Mettez encore au présent de l'infinitif le présent du subjonctif, quand on peut le tourner par le présent de l'indicatif, en transportant la négation du premier Verbe au second.

---

[1] RÈGLE GÉNÉRALE. Comparez les temps que marquent les deux Verbes:

1° Si les deux actions exprimées par les deux Verbes se font ou ont été faites dans le même temps, mettez le second Verbe français au présent de l'infinitif latin.

2° Si l'action du second Verbe était déjà faite dans le temps que marque le premier Verbe, mettez le parfait de l'infinitif.

3° Si l'action du second Verbe était encore à faire dans le temps du premier Verbe, mettez le futur de l'infinitif.

[2] Si cependant le second Verbe marque un temps plus ancien que le premier, mettez ce second Verbe au parfait de l'infinitif latin.

Exemple : Je vous ai dit que Phèdre était esclave, *tibi dixi Phædrum fuisse servum.*

Exemple : Je ne crois pas qu'il lise, *on peut tourner,* je crois qu'il ne lit pas, *non credo illum legere.*

II.

Après un que retranché, *mettez au parfait de l'infinitif latin les trois temps suivants :*

§ 215. 1° Le parfait et le plus-que-parfait de l'indicatif français.

Exemple : Je crois qu'il a lu, qu'il avait lu, *credo illum legisse.*

§ 216. 2° L'imparfait de l'indicatif, quand le premier Verbe est au présent ou au futur.

Exemple : Je crois, je croirai qu'il lisait, *credo, credam illum legisse.*

§ 217. 3° Le futur passé et le parfait du subjonctif, quand on peut les tourner par le parfait de l'indicatif.

Exemples : Je crois qu'il aura déjà dîné ; *tournez,* je crois qu'il a déjà dîné ; *credo illum jam prandisse.*

Je ne crois pas qu'il ait encore dîné ; *tournez,* je crois qu'il n'a pas encore dîné, *non credo illum jam prandisse.*

III.

Après un que retranché, *mettez au futur de l'infinitif latin les trois temps suivants :*

§ 218. 1° Le futur de l'indicatif français.

Exemple : Je crois qu'il viendra demain, *credo illum cras venturum esse.*

§ 219. 2° Le présent du subjonctif, quand on peut le tourner par le futur de l'indicatif, en transportant la négation du premier Verbe au second.

Exemple : Je ne crois pas qu'il vienne demain ; *on peut tourner,* je crois qu'il ne viendra pas demain, *non credo illum cras venturum esse.*

§ 220. 3° L'imparfait du subjonctif terminé en *rais.*

Exemple : Je croyais qu'il viendrait demain, *puta-bam eum cras venturum esse.*

IV.

Après un que retranché, *mettez au futur passé de l'infinitif latin :*

§ 221. Le plus-que-parfait du subjonctif français.
Exemple : Je crois qu'il serait venu, si... *credo illum venturum fuisse, si.*

§ 222. Cependant, s'il peut se tourner par le plus-que-parfait de l'indicatif, mettez-le au parfait de l'infinitif.

Exemple : Je ne savais pas que vous fussiez arrivé ; *tournez,* que vous étiez arrivé, *nesciebam te advenisse.*

§ 223. REMARQUE. L'imparfait du subjonctif terminé en *asse, insse, isse, usse,* se tourne quelquefois par l'imparfait de l'indicatif, et alors il en suit la règle.

Exemples : Je ne croyais pas, je n'ai pas cru, je n'avais pas cru que vous fussiez malade ; *tournez,* que vous étiez... *non credebam, non credidi, non credideram te ægrotare.* (Je mets le présent *ægrotare,* parce que le premier Verbe est à l'un des trois parfaits.)
Je ne crois pas, je ne croirai pas que vous fussiez malade ; *tournez,* que vous étiez, *non credo, non credam te ægrotavisse.* (Je mets le parfait de l'infinitif, parce que le premier Verbe est au présent ou au futur.)

§ 224. Quelquefois l'imparfait en *asse, insse...,* se tourne par le futur de l'indicatif ; et alors il suit la règle du futur.

Exemple : Si je croyais que vous vinssiez bientôt, je vous attendrais ; *tournez,* que vous viendriez, *si putarem te brevi venturum esse, te exspectarem.*

8

PREMIÈRE OBSERVATION.

§ 225. Lorsqu'après un *que retranché* on doit mettre le Verbe à l'un des deux futurs de l'infinitif et que le Verbe latin n'en a point :

1° Exprimez le futur de l'indicatif et le présent du subjonctif français par *fore ut* ou *futurum esse ut,* avec le présent du subjonctif latin.

Exemple : Je crois que vous vous repentirez, *credo fore ut te pœniteat.*

§ 226. 2° Exprimez l'imparfait du subjonctif français par *fore ut,* avec l'imparfait du subjonctif latin.

Exemple : Je croyais que vous vous repentiriez, *credebam fore ut te pœniteret.*

§ 227. 3° Exprimez le plus-que-parfait du subjonctif français par *futurum fuisse ut,* avec l'imparfait du subjonctif latin.

Exemple : Je croyais que vous vous seriez repenti, *credebam futurum fuisse ut te pœniteret.*

§ 228. On se sert encore de *fore ut* avec le parfait du subjonctif, pour exprimer le futur passé et le parfait du subjonctif quand ils marquent l'avenir.

Exemples : Vous croyez qu'il aura bientôt terminé cette affaire, *credis fore ut brevì illud negotium confecerit.*

Je ne crois pas qu'il ait sitôt terminé cette affaire, *non credo fore ut tam citò illud negotium confecerit.*

SECONDE OBSERVATION.

§ 229. Quand les Verbes *croire, espérer, promettre, menacer, se souvenir,* etc., sont suivis d'un infinitif français, tournez la phrase de manière qu'il y ait un *que* entre les deux Verbes, et alors vous suivrez la règle du *que retranché* [1].

---

[1] Il serait plus exact de dire : Lorsque avec les Verbes *croire, es-*

Exemples : Je crois avoir lu ; *tournez*, que j'ai lu, *credo me legisse.*

Vous croyez être heureux ; *tournez*, que vous êtes heureux, *credis te esse beatum.*

Il espère partir bientôt ; *tournez*, qu'il partira bientôt, *sperat se brevi profecturum.*

Je me souviens d'avoir lu ; *tournez*, que j'ai lu, *memini me legere.* (Après *memini*, on met mieux le présent que le parfait de l'infinitif.)

VERBES *après lesquels le* QUE *ou* DE *français se rend en latin par plusieurs Conjonctions.*

Conseiller de, *suadere ut.*
Conseiller de ne pas, *suadere ne.*

§ 230. RÈGLE : Après les Verbes *conseiller, persuader, souhaiter, faire en sorte, commander, prier, avoir soin, il faut, il est juste, il est nécessaire, il arrive, il importe,* etc., le *de* ou *que* s'exprime par *ut* avec le subjonctif ; et, s'il suit une négation, par *ne* ou *ut ne.*

Exemples : Je vous conseille de lire ; *tournez*, que vous lisiez, *suadeo tibi ut legas* ; de ne pas jouer, *ne ludas.*

Ayez soin de vous bien porter, *cura ut valeas* ; de ne pas tomber malade, *ne in morbum incidas*[1].

---

pérer, *promettre*, etc., le sujet des deux propositions est le même, le Verbe de la seconde se met ordinairement à l'infinitif en latin comme en français ; mais le français supprime le sujet de ce Verbe, et le latin doit toujours l'exprimer.

Remarquons, de plus, qu'avec les Verbes *espérer* et *promettre*, dont l'objet se rapporte à l'avenir, on emploie en latin le futur de l'infinitif.

[1] Après *curare*, avoir soin, on met élégamment le Participe du futur en *dus, da, dum,* si le Verbe a un régime avec lequel on puisse le faire accorder.

Exemple : Il a eu soin de me faire tenir les lettres, *litteras ad me perferendas curavit.*

Après *oportet, volo, nolo, malo,* on met élégamment le Participe passé en *us, a, um :* Je veux vous avertir d'une chose, *unum te monitum volo.*

Dites-lui, avertissez-le de prendre garde à lui;
tournez, qu'il prenne garde... *dic illi, mone illum, ut
sibi caveat.*

§ 231. REMARQUE. Après *dire, avertir, persuader, écrire*, le
que se retranche quand il ne peut pas se tourner par *de*.

Exemple : Dites-lui, avertissez-le que je suis arrivé,
dic illi, mone illum me advenisse. (De même après *jubere*, commander, le *que* se retranche presque toujours,
et le Verbe suivant se met au présent de l'infinitif.)

IL N'IMPORTE pas que.... *ou* de..., *nihil
refert utrùm.... an....*

§ 232. RÈGLE. Quand après *il n'importe pas, il importe peu, qu'importe,* il y a deux *que* ou deux *de,* on
les tourne par *si,* et on exprime le premier par *utrùm,*
et le second par *an,* avec le subjonctif.

Exemple : Il ne m'importe pas, que m'importe d'être
riche ou pauvre? *tournez,* si je suis riche..., *nihil meâ
refert, quid meâ refert utrùm dives sim an pauper?*
(Au lieu d'*utrùm* on peut mettre *ne* après le premier
mot : *divesne sim an pauper.*)

§ 253. Après se mettre peu en peine, *parum curare,*
les deux *que* s'expriment aussi par *utrùm, an;* et si, à
la place du second *que* il y a ces mots, *ou non,* on les
exprime par *annon* ou *necne.*

Exemple : Je me mets peu en peine que vous m'é-
coutiez ou non, *parum curo utrùm me audias, necne.*

OBSERVATION.

§ 234. A quel temps du subjonctif latin faut-il
mettre l'infinitif français qui suit *de* exprimé par *ut,
ne, an, utrùm, quin?*

Si le premier Verbe est au présent ou au futur, on
met en latin le second au présent du subjonctif, et le

régime du premier Verbe devient le Nominatif du second.

Exemples :

| Je vous conseille | } de | *Tibi suadeo* | } *ut* |
| Je vous conseillerai | lire, | *Tibi suadebo* | *legas.* |

§ 235. Mais si le premier Verbe est à l'un des trois parfaits, on met le second à l'imparfait du subjonctif.

Exemples.

Je vous conseillais	} de	*Tibi suadebam*	} *ut*
Je vous ai conseillé	lire,	*Tibi suasi*	*legeres.*
Je vous avais conseillé		*Tibi suaseram*	

CRAINDRE de *ou* que ne.... *timere ne.*

CRAINDRE de ne pas *ou* que ne pas.... *timere ut* ou *ne non.*

§ 236. RÈGLE. Après *craindre, appréhender, avoir peur*, etc., *de* ou *que,* suivi de *ne* seulement, s'exprime par *ne* avec le subjonctif.

Exemple : Je crains que le maître ne vienne, *timeo ne præceptor veniat.*

§ 237. Mais après ces Verbes, *que* ou *de,* suivi de *ne pas* ou *ne point,* s'exprime par *ut* ou *ne non.*

Exemple : Je crains que le maître ne vienne pas, *timeo ut præceptor non veniat,* ou *ne non præceptor veniat.*

§ 238. Quand le Verbe *craindre* signifie *faire difficulté,* on l'exprime par *dubitare* avec l'indicatif; et s'il signifie *ne pas oser,* on l'exprime par *non audere.*

Exemples : Il ne craint pas d'avouer ; *tournez,* il ne fait pas difficulté d'avouer, *fateri non dubitat ;* je crains de dire, *tournez,* je n'ose dire, *non audeo dicere.*

Prendre garde de *ou* que ne, *cavere ne.*

§ 239. Règle. Après les Verbes *prendre garde, dissuader,* de ou *que ne* s'exprime par *ne* avec le subjonctif.

Exemples : Prenez garde de tomber *ou* que vous ne tombiez, *cave ne cadas.*

Dissuadez-le de partir, *illi dissuade ne proficiscatur*[1].

§ 240. *Prendre garde,* signifiant *avoir soin, faire en sorte,* s'exprime par *curare, dare operam,* et *que* par *ut* avec le subjonctif.

Exemples : Prenez garde que tout soit prêt, c'est-à-dire ayez soin que... *da operam ut omnia sint parata.*

§ 241. Si *prendre garde* signifie *remarquer,* on l'exprime par *animadvertere,* et le *que* se retranche.

Exemple : Il ne prend pas garde qu'on se moque de lui, c'est-à-dire il ne remarque pas.... *non animadvertit se derideri.*

N'avoir garde de.... se garder bien de... *non committere ut.*

§ 242. Règle. Après *se garder bien de...,* n'avoir *garde de...,* on exprime *de* par *ut,* avec le subjonctif.

Exemple : Je me garderai bien de vous quitter, *non committam ut a te discedam.*

Mériter, être digne de *ou* que *dignum.... esse ut.*

§ 243. Règle. Après *mériter, être digne,* de ou *que* s'exprime par *ut,* avec le subjonctif.

Exemples : Il mérite de commander, *tournez,* qu'il commande, *dignus est ut imperet,* on dit mieux *dignus est qui imperet.* (*Qui* tient lieu de *ut ille.*)

---

[1] Après les secondes personnes de l'impératif, *cave, cavete,* on met bien le subjonctif seul, en sous-entendant la conjonction.

Il mérite que j'aie pitié de lui, *dignus est ut illius me misereat* ou *cujus me misereat*. (*Cujus* tient lieu de *ut illius*.)

Vous méritez qu'il vous favorise, *dignus es ut tibi faveat* ou *cui faveat*. (*Cui* tient lieu de *ut tibi*.)

Il mérite que je l'honore, *dignus est ut eum colam* ou *quem colam*. (*Quem* tient lieu de *ut eum*.)

Vous méritez qu'il vous rende service, *dignus es ut de te bene mereatur*, ou *de quo bene mereatur*. (*De quo* tient lieu de *ut de te*.)

§ 244. Remarque. *Qui, quæ, quod*, est employé pour *ut* et un Pronom, et il se met au cas où on mettrait le Pronom ; ainsi, quand après *mériter* il n'y a point de Pronom qui se rapporte au Nominatif du Verbe *mériter*, on ne peut pas employer *qui, quæ, quod*, mais il faut se servir de *ut*.

Exemple : Vous méritez bien que j'agisse ainsi, *dignus sanè es ut sic agam*, et non pas *qui sic agam*.

EMPÊCHER, défendre de *ou* que ne, *prohibere ne*.

Ne pas empêcher, ne pas défendre de *ou* que,
non prohibere quin, quominus.

§ 245. RÈGLE. Après les Verbes *empêcher, défendre*, quand ils ne sont pas accompagnés d'une négation ou d'une interrogation, *de* ou *que ne* s'exprime par *ne*[1] avec le subjonctif, et le régime de la personne sert de Nominatif au second Verbe.

Exemples : Dieu nous défend de mentir ; *tournez*, défend que nous ne mentions, *Deus prohibet ne mentiamur*.

Cela m'a empêché de partir, *id impedivit ne proficiscerer*[2].

§ 246. Mais quand il y a une négation ou une in-

---

[1] Ou *quominus*.
[2] Remarquons que 1° avec *prohibere* (défendre), on trouve souvent l'infinitif ; 2° avec *vetare* (défendre), l'infinitif est de rigueur.

terrogation jointe aux Verbes *empêcher*, *défendre*, *de*
ou *que ne* s'exprime par *quin* ou *quominus*.

Exemple : Je ne vous empêche pas, qui vous empêche de partir? *tournez*, que vous partiez, *non impedio,
quis impedit quin proficiscaris?*

§ 247. Après *il ne tient pas à moi, à quoi tient-il,
que ne* s'exprime aussi par *quin* avec le subjonctif.

Exemple : Il ne tient pas à moi que vous ne soyez
heureux, *per me non stat quin sis beatus.*

§ 248. Dans cette façon de parler, *je ne puis, je ne saurais
m'empêcher*, *me défendre*, les Verbes *s'empêcher*, *se défendre*,
se tournent par *ne pas*, qu'on exprime par *non*, avec l'infinitif [1].
Exemples : Je ne puis m'empêcher de parler, *tournez*, je ne
puis ne pas parler, *non possum non loqui :* je ne puis m'empêcher de rire, *tournez*, je ne puis ne pas rire, *non possum non
ridere.*

SE RÉJOUIR de... *ou* que, *gaudere quòd.*

§ 249. RÈGLE. Après *se réjouir, se repentir, être fâché, avoir honte, s'étonner, être surpris, remercier,
savoir bon gré*, etc., *de* ou *que* se tourne par *de ce que*,
et s'exprime par *quòd* avec le subjonctif ou l'indicatif.

Exemples : Je me réjouis de vous avoir été utile ;
tournez, de ce que je vous ai été utile, *gaudeo quòd
tibi profuerim.*

J'ai honte de ne vous avoir pas encore répondu, *me
pudet quòd ad te nondum rescripserim.*

§ 250. REMARQUE. Après ces Verbes, on peut encore retrancher
le *que : Gaudeo me tibi profuisse* [2].

ATTENDRE que, *exspectare dum* ou *donec.*

§ 251. RÈGLE. Après *attendre*, que se tourne par

---

[1] Le même gallicisme peut se rendre aussi par *facere non possum
quin*, avec le subjonctif. On peut même sous-entendre *facere.*
[2] *Mirari*, s'étonner, être surpris, se construit élégamment avec *si.*

jusqu'à ce que, et s'exprime par *dum* ou *donec* avec le subjonctif.

Exemple : Attendez que le Roi soit arrivé, *exspecta dum Rex advenerit.*

§ 252. Ne confondez pas *s'attendre* avec *attendre.* Après *s'attendre*, en latin *existimare, persuasum habere*, on retranche le *que*, et l'on met toujours le Verbe suivant au futur de l'infinitif.

Exemple : Je m'attendais que vous m'écririez, *te ad me scripturum esse existimabam.*

§ 253. Quand *s'attendre* signifie *prévoir*, il s'exprime par *prævidere*, et l'on retranche le *que*.

Exemple : Je m'étais bien attendu qu'il en serait ainsi, *ita futurum sanè prævideram.*

Cela est cause que, *ea causa est cur*.

§ 254. RÈGLE. Après *être cause*, *que* s'exprime par *cur*, avec le subjonctif.

Exemple : La maladie a été cause que je n'ai pas été vous voir, *morbus causa fuit cur te non inviserim.*

DOUTER que, *dubitare an*.

Ne pas douter, *non dubitare quin*.

§ 255. RÈGLE. Quand le Verbe *douter* n'est accompagné ni d'une négation ni d'une interrogation, on tourne *que* par *si*, et on l'exprime par *an*, avec le subjonctif[1].

Exemple : Je doute qu'il se porte bien ; *tournez*, s'il se porte bien, *dubito an valeat.*

---

[1] Les Français disent *douter si* et *douter que ;* la première de ces deux formes s'emploie quand on est dans une incertitude absolue ; la seconde, quand il est présumable que la chose n'aura pas lieu. Les Latins, dans l'un et dans l'autre cas, disent *dubitare ne* ou *num.* L'emploi de *an* après *dubitare* est rare dans le latin vraiment classique.

256. Mais quand le verbe *douter* est accompagné d'une négation ou d'une interrogation, on exprime *que* par *quin* (*Quin* renferme le *ne* français suivant).

Exemples: Je ne doute pas qu'il ne se porte bien, *non dubito quin valeat.*

Qui doute que la vertu ne soit aimable? *Quis dubitat quin virtus sit amabilis?*

§ 257. Ne confondez pas *se douter* avec *douter :* après *se douter, suspicari, prævidere,* on retranche le *que.*

Exemple : Je me doutais bien que la chose irait mal ; *c'est-à-dire* je soupçonnais que....., *suspicabar rem malè cessuram.*

VERBES *à l'indicatif dans le français, qu'il faut mettre au subjonctif en latin.*

I.

Vous ne savez pas qui je suis, *en latin* qui je sois.

§ 258. RÈGLE. *Qui ou quel* interrogatif entre deux Verbes veut le second au subjonctif latin.

Exemples: Vous ne savez pas qui je suis, *nescis quis ego sim.*

Dites-moi quelle heure il est, *dic mihi quota hora sit.*

Je ne sais lequel des deux a été le plus éloquent, *nescio uter fuerit eloquentior.*

Écrivez-moi ce que vous faites, *c'est-à-dire* quelle chose vous faites, *ad me scribe quid agas.*

Écrivez-moi ce qui se passe là où vous êtes, *c'est-à-dire* quelle chose se passe ..., *ad me scribe quid istic agatur.*

§ 259. REMARQUE. *Ce qui, ce que,* s'exprime par *quid,* quand on peut le tourner par *quelle chose,* comme dans l'exemple précédent; mais *ce qui, ce que,* s'exprime par *quod* quand on ne peut pas le tourner par *quelle chose,* parce qu'alors il n'est pas interrogatif.

Exemple : Il a fait ce que je lui avais commandé, *fecit quod ei præceperam.*

II.

§ 260. Les Adverbes de lieu, *ubi, quò, quà, undè*, et les Conjonctions *cur, quare, quomodo, an, utrùm*, etc., entre deux Verbes, veulent le second au subjonctif en latin.

Exemples: Je voudrais savoir où vous êtes, *scire velim ubi sis;* d'où vous venez, *unde venias;* où vous allez, *quò eas.*

S'il a de quoi vous payer, *si habuerit undè tibi solvat.*

Interrogée pourquoi elle disait cela, *interrogata cur hoc diceret.*

III.

§ 261. *Combien*, entre deux Verbes, veut toujours le second au subjonctif en latin.

Exemples: Vous voyez combien je vous aime, *vides quantùm te amem.*

Je dirai en peu de mots combien la liberté est douce, *quàm dulcis sit libertas breviter proloquar.*

Il y a beaucoup d'autres Conjonctions après lesquelles le Verbe latin se met au subjonctif; nous en avertirons dans l'occasion.

§ 262. *Qui* interrogatif, devant un futur de l'indicatif ou un conditionnel présent, veut le Verbe au présent du subjonctif en latin : Qui croira? *Quis credat?* Qui n'admirerait pas cette action? *Quis non illud factum miretur?*

A quel temps faut-il mettre le Verbe latin après les mots qui veulent le subjonctif, comme ut, ne, an, quin, *etc.?*

I.

§ 263. Mettez tous les temps de l'indicatif français

aux mêmes temps du subjonctif latin, excepté les deux futurs.

Exemples:

	ce que vous faites,		*quid agas.*
Je	ce que vous faisiez,	*Nescio*	*quid ageres.*
ne sais	ce que vous avez fait,		*quid egeris.*
	ce que vous aviez fait,		*quid egisses.*

§ 264. Le futur de l'indicatif après *quin, an,* etc., se met au Participe du futur en *rus, ra, rum,* pour l'actif; en *dus, da, dum,* pour le passif, avec *sim, sis, sit.*

Exemple: Je ne sais s'il écoutera, *nescio an auditurus sit*; s'il sera écouté, *an audiendus sit.*

§ 265. Si le Verbe latin n'a pas de Participe du futur, mettez simplement le présent du subjonctif, en y joignant quelque Adverbe qui marque le futur.

Exemple: Je ne sais s'il se repentira, *nescio an illum unquam pœniteat.*

II.

§ 266. Si le Verbe français est au subjonctif et qu'il marque l'avenir, mettez en latin le Participe du futur, avec *sim, sis, sit,* pour exprimer le présent du subjonctif; *essem, esses, esset,* pour l'imparfait; *fuissem, fuisses, fuisset,* pour le plus-que-parfait du subjonctif.

Exemples: Je doute que le Roi vienne bientôt, *dubito an Rex brevi venturus sit.*

Je ne savais si le Roi viendrait, je doutais que le Roi vînt bientôt, *nesciebam an, dubitabam an Rex brevi venturus esset.*

Je ne sais si le Roi serait venu, je doute que le Roi fût venu, *nescio an Rex, dubito an Rex venturus fuisset.*

§ 267. Quand le Verbe est au subjonctif, et qu'il ne marque pas l'avenir, ou qu'il n'a pas de Participe du futur en latin, mettez les temps du subjonctif français aux mêmes temps du subjonctif latin.

Exemples: Je doute qu'il se repente jamais, *dubito an illum unquam pœniteat.*

Je ne sais s'il se repentirait, *nescio an illum unquam pœniteret.*

Je ne sais s'il se serait repenti, *nescio an illum pœnituisset.*

§ 268. Le futur passé après *ne pas savoir si*, et le parfait du Subjonctif après *douter que....* se mettent au parfait du subjonctif, quand ils marquent le passé.

Exemple: Je ne sais s'il aura soupé, je doute qu'il ait soupé de si bonne heure, *nescio an, dubito an tam maturè cœnaverit.*

§ 269. Mais si ces deux temps marquent l'avenir, ce qui arrive quand ils sont suivis de *lorsque*, mettez-les au futur en *rus, ra, rum,* ou *dus, da, dum,* avec *sim, sis, sit,* en changeant *lorsque* par *avant que.*

Exemple: Je ne sais s'il aura terminé, je doute qu'il ait terminé l'affaire lorsque vous viendrez ici, *nescio an, dubito an prius rem confecturus sit quàm huc venias,* c'est-à-dire s'il terminera avant que vous veniez.

VERBES *au passif dans le français, qu'il faut tourner par l'actif en latin.*

Je suis favorisé de la fortune; *tournez,* la fortune me favorise.

§ 270. RÈGLE. Quand un Verbe au passif dans le français est neutre ou déponent en latin, il faut tourner le passif en actif; et pour cela on prend le régime pour en faire le Nominatif, et le Nominatif pour en faire le régime.

Exemples : Je suis favorisé de la fortune, *mihi favet fortuna*. (*Faveo* n'a point de passif.)

Il est admiré de tout le monde ; *tournez*, tout le monde l'admire, *illum omnes admirantur*.

§ 271. Remarque. S'il n'y a point de régime dont on puisse faire le Nominatif, mettez le Verbe à la troisième personne du pluriel (en sous-entendant *homines* [1].)

Exemple : Cicéron était admiré quand il parlait, *admirabantur Ciceronem quum diceret*.

Verbes à l'actif dans le français, qu'il faut tourner par le passif en latin.

§ 272. Il faut changer l'actif en passif quand il y a *amphibologie*, c'est-à-dire quand, après un *que* retranché, le Nominatif français et le régime seraient mis tous deux à l'Accusatif latin sans que l'on pût distinguer l'un de l'autre ; alors on tourne par le passif, en prenant le régime direct pour en faire le Nominatif, et le Nominatif pour en faire le régime.

Exemple : Vous dites que Pierre aime Paul ; vous ne pouvez pas mettre : *dicis Petrum amare Paulum*, parce qu'on ne saurait qui est celui qui aime, si c'est Pierre qui aime Paul, ou si c'est Paul qui aime Pierre. Il faut donc changer l'actif en passif de cette manière : Vous dites que Paul est aimé de Pierre, *dicis Paulum a Petro amari*.

§ 273. On change encore l'actif en passif avec le Pronom français *on, l'on*.

---

[1] Cet emploi de la troisième personne du pluriel n'est latin que quand il s'agit d'une pensée, d'un sentiment commun à tous les hommes ; autrement il est bon d'exprimer le sujet et de dire, ici par exemple : *Romani admirabantur ;* ou de rendre un autre tour, comme : *magna erat admiratio Ciceronis.*

CHAPITRE SECOND.

DES PRONOMS.

I.

Pronom français qui manque en latin, on, l'on.

§ 274. Il y a deux manières de rendre en latin *on*, *l'on*.

PREMIÈRE MANIÈRE.

§ 275. On aime la vertu; *tournez*, la vertu est aimée.

RÈGLE. Le verbe qui suit *on*, *l'on*, est-il actif, *tournez* par le passif.

Exemple : On aime la vertu, *virtus amatur.*

§ 276. Si le Verbe n'a point de régime dont on puisse faire le Nominatif du Verbe passif, mettez ce Verbe à la troisième personne du singulier passif; plusieurs Verbes neutres même ont cette troisième personne.

Exemples : Non-seulement on ne porte pas envie aux jeunes gens, mais on leur est même favorable, *adolescentibus non modò non invidetur, verùm etiam favetur.*

On raconte, *narratur;* on rapporte, *fertur;* on va, *itur*, on est venu, *ventum est.*

SECONDE MANIÈRE.

On aime la vertu, *amant virtutem.*

§ 277. Mettez le Verbe qui suit *on, l'on*, à la troisième personne du pluriel : ce qu'il faut toujours faire quand ce Verbe est neutre ou déponent en latin.

Exemples : On admire la vertu, *admirantur virtutem.*

On hait celui que l'on craint, *oderunt quem me-tuunt.*

On dit, *aiunt, ferunt, memorant, perhibent.*

§ 278. REMARQUE. Devant les impersonnels, *pænitet, pudet, tœdet, miseret, piget,* il faut exprimer le mot *homines* : On se repent d'avoir mal vécu, *homines pœnitet malè vixisse.*

§ 279. Si le Verbe qui suit *on* est accompagné d'une négation, on tourne par *personne ne, nemo,* et le Verbe se met à la troisième personne du singulier.

Exemple : On ne peut être heureux sans la vertu ; *tournez,* personne ne peut.... *nemo sinè virtute potest esse beatus.*

§ 280. *Quand on, lorsqu'on,* se tournent par *celui qui, ceux qui* [1].

Exemple : Quand on désire le bien d'autrui, on perd justement le sien ; *tournez,* celui qui désire..., *qui bonum alienum appetit, meritò amittit proprium.*

§ 281. *Si on, si l'on,* se tournent par *si quelqu'un, si quis.*

Exemple : Si l'on vous demande, *si quis te interroget.*

§ 282. REMARQUE. On ne dit pas *si aliquis,* mais *si quis;* après *si, nisi, ne, num, sive, quò,* on retranche *ali* dans les mots qui commencent ainsi : *si quando* pour *si aliquando; ne quando,* etc [2].

§ 283. On voit, on trouve des gens qui..... s'expriment par *videas, reperias, qui..... videre est, reperire est qui.....,* et le Verbe suivant se met au subjonctif.

Exemple : On voit des gens qui aspirent aux honneurs, *videas homines qui honores appetant.*

---

[1] *Quand on,* etc., s'exprime aussi par *si quis,* par la deuxième personne du subjonctif avec *quum,* par le participe. Ex. : *si quis cupiat, quum cupias, cupienti cuivis* ou *cuilibet.*

[2] Il faut néanmoins employer *aliquid* après *si* et *ne,* quand il est opposé à *omnia* ou *multa.*

On **dit** que.... on croit que.... il semble,
il paraît que....

§ 284. *On dit, on croit,* etc., s'expriment en latin de deux manières,

§ 285. 1° *Personnellement,* en prenant le Nominatif du second Verbe , pour en faire le Nominatif des verbes *on dit, on croit,* etc.

Exemples : On dit que les cerfs vivent très-long-temps ; *tournez,* les cerfs sont dits vivre..., *cervi dicuntur diutissimè vivere.*

Il paraît que vous êtes malade ; *tournez,* vous paraissez être malade, *videris ægrotare.*

§ 286. 2° *Impersonnellement,* en tournant par la troisième personne du singulier passif, *il est dit que, il est cru que...* alors le *que* se retranche.

Exemple : On dit que les cerfs vivent très-long-temps ; *tournez ,* il est dit que les cerfs...., *dicitur cervos diutissimè vivere.*

§ 287. Remarque. On exprime toujours de cette seconde manière *on dit, on croit,* quand ils sont suivis d'un Verbe impersonnel.

Exemple : On dit que vous vous repentez de votre faute : *tournez,* il est dit que vous..... *dicitur te tuæ culpæ pœnitere.*

Observation *sur le Verbe français*

ON ENSEIGNE.

§ 288. Pour tourner ce Verbe par le passif, il faut faire attention à la signification du Verbe latin *doceri,* qui veut dire *être instruit :* comme cela ne peut se dire que d'une personne, et non pas d'une chose, le Verbe passif *doceor* veut toujours pour Nominatif le Nom de la personne.

Exemple : On enseigne la grammaire aux enfants ;

tournez, les enfants sont instruits sur la grammaire, *pueri docentur grammaticam.*

Les enfants à qui l'on enseigne la grammaire; *tournez*, les enfants qui sont instruits sur la grammaire, *pueri qui docentur grammaticam.*

La grammaire que l'on enseigne aux enfants; *tournez*, la grammaire sur laquelle les enfants sont instruits, *grammatica quam pueri docentur.* (*Tournez de même cette phrase*: la grammaire qui est enseignée aux enfants.)

————

II. PRONOMS *français que l'on exprime d'une manière différente en latin.*

§ 289. *Il, le, la, lui, leur*, qu'il faut quelquefois tourner en latin par *soi, à soi*, etc., et exprimer par *suî, sibi, se.*

Le renard dit qu'il n'était pas coupable; *tournez*, dit soi n'être pas...

§ 290. RÈGLE. Quand les Pronoms *il, elle, le, la, lui, leur*, après un *que* retranché ou exprimé, se rapportent au Nominatif du premier Verbe, on les exprime par *suî, sibi, se*

Pour connaître si ces Pronoms se rapportent au Nominatif du premier Verbe, faites l'interrogation suivante: *qui il? qui elle?*

Exemples: Le renard dit qu'il n'était point coupable de la faute: *Qui il?* Réponse: *Le renard.*

Quand le mot de la réponse est le même que le Nominatif du premier Verbe, exprimez *il* par *se*; ainsi dites: *vulpes negavit se esse culpæ proximam.*

Diogène ordonna qu'on le jetât à la voirie: *Qui le?* Réponse: *Diogène.* Comme le mot de la réponse est le même que le Nominatif du Verbe, dites: *Diogenes jussit se projici inhumatum.*

Ce philosophe disait qu'il lui importait peu. *Qui*

lui ? Réponse : *Ce philosophe* : *hic philosophus dice-bat suá parvi referre* [1].

Mais je crois qu'il mentait : *Qui il ?* Réponse : *Ce philosophe.*

§ 291. Quand le mot de la réponse n'est pas le même que le Nominatif du Verbe, exprimez *il* par *ille, illa, illud;* ainsi dites : *at credo illum mentitum fuisse.* (*Il, elle,* ne peuvent jamais se rapporter à un Nominatif de la première ou de la seconde personne.)

————

Son, sa, ses, leur, leurs, qu'il faut quelquefois tourner en latin par *de lui, d'elle, d'eux, d'elles,* et exprimer par *ejus, eorum, earum.*

I.

Son, sa, ses, leur, leurs, après un seul Verbe.
Pater amat *suos* liberos.

§ 292. Règle. *Son, sa, ses....* après un seul Verbe, s'expriment par *suus, sua, suum,* quand ils se rapportent au Nominatif de ce Verbe.

Pour connaître s'ils se rapportent au Nominatif du Verbe, faites l'interrogation suivante : *De qui ?*

Exemple : Un père aime ses enfants : Les enfants *de qui ?* Réponse : *Du père.*

Quand le mot de la réponse est le même que le Nominatif du Verbe, servez-vous de *suus, sua, suum ;* ainsi dites : *pater amat suos liberos.*

§ 293. Quand le mot de la réponse n'est pas le Nominatif du Verbe, exprimez *son, sa, ses,* par *ejus ; leur, leurs,* par *eorum, earum.*

————

[1] Mais il y a des phrases où l'emploi du pronom *sui, sibi, se,* formerait quelque ambiguïté ; on se sert alors de *ipse, a, um* pour représenter le sujet du premier Verbe.

Exemple: Mais il n'aime pas leurs défauts : Les défauts *de qui?* Réponse : *Des enfants.* Comme ce mot *enfants* n'est pas le Nominatif du Verbe, dites, *at eorum vitia odit.*

§ 294. Cependant, quand le Verbe est de première ou de seconde personne, on se sert de *suus, a, um,* pourvu qu'il se rapporte à un second régime.

Exemple : J'ai rendu à César son épée, *suum Cæsari gladium restitui.*

II.

§ 295. *Son, sa, ses, leur, leurs,* après deux Verbes.

Règle. Quand *son, sa, ses,* etc., sont après deux Verbes, on les exprime par *suus, sua, suum,* pourvu qu'ils se rapportent au Nominatif de l'un des deux Verbes[1].

Exemples : La mère vous prie de pardonner à son fils, *c'est-à-dire* que vous pardonniez, *mater te orat ut filiolo ignoscas suo.* (*Son* ici se rapporte au Nominatif du premier Verbe.)

J'écris à mon ami de me confier son affaire, *c'est-à-dire* qu'il me confie, *ad amicum scribo ut mihi negotium committat suum.* (*Son* ici se rapporte au Nominatif du second Verbe[2].)

§ 296. Mais on exprime *son, sa, ses,* par *ejus* ou *illius; leur, leurs,* par *eorum, earum,* quand ils ne se rapportent ni à l'un ni à l'autre de ces deux Nominatifs.

Exemple : Je vous prierai de prendre ses intérêts, *te rogabo ut illius commodis inservias.* (*Son, sa, ses,* ne peuvent jamais se rapporter à un Nominatif de première ou de seconde personne.)

---

[1] A moins que les Verbes ne soient tous deux de la troisième personne ; car alors il faut que *son, sa.....,* se rapportent au Nominatif du premier Verbe pour éviter l'ambiguïté.

[2] L'emploi de *suus* peut quelquefois donner lieu à des équivoques ; pour les éviter, on se sert de *ipsius, ipsorum.*

III.

Son, sa, ses, leur, leurs, au commencement d'une phrase.

Ejus indoles est optima.

§ 297. 1ʳᵉ Règle. *Son, sa, ses,* au commencement d'une phrase, s'expriment par *ejus* ou *illius; leur, leurs,* par *eorum, earum,* quand ils ne se rapportent pas au régime du Verbe suivant.

Exemple: Son caractère est excellent ; *tournez,* le caractère de lui..., *ejus indoles est optima.*

Sua eum commendat modestia.

§ 298. IIᵉ Règle. *Son, sa, ses,* même au commencement d'une phrase, s'expriment par *suus, sua, suum.* quand ils se rapportent au régime du Verbe suivant ; ce qui arrive lorsqu'ils sont suivis de *le, la, les,* ou précédés d'un *que* relatif.

Exemples: Sa modestie le rend recommandable, *sua eum commendat modestia.*

L'enfant que sa modestie rend recommandable, *puer quem sua commendat modestia.*

§ 299. On ajoute en latin, *suus, a, um,* au Nominatif, quand le Nominatif français est suivi d'un Génitif, et de *le, la, les.*

Exemple : L'ambition de cet homme le perdra ; *tournez,* son ambition perdra cet homme, *sua hominem perdet ambitio.*

1° Tel que.... telle que ; *is qui, ea quæ.*

§ 300. Règle. *Tel, telle que,* se tournent en latin par *celui, celle que,* et s'expriment, *tel, telle,* par *is, ea, id,* et *que,* par *qui, quæ, quod,* que l'on met au Nominatif devant *sum,* etc., *sim,* et à l'Accusatif devant *esse,* mis pour un *que* retranché.

Exemples : Je ne suis pas tel que vous ; *tournez*, je ne suis pas celui lequel vous êtes, *non is sum qui tu* (sous-entendu *es*). On peut dire aussi, *non sum talis qualis tu*.

Il n'est pas tel que vous pensez ; *tournez*, il n'est pas celui lequel vous pensez qu'il est, *non is est quem putas* (sous-entendu *eum esse*). *Quem* est à l'Accusatif à cause du *que* retranché.

§ 301. 2° *Tel*, quand il n'est pas suivi de *que*, s'exprime par *is* ou *talis*.

Exemple : Tel a été mon père, *is* ou *talis fuit pater meus*.

§ 302. 3° Lorsque *tel* , au commencement d'une phrase, est suivi de *qui*, on tourne *tel* par quelques-uns, *quidam*, ou par il y en a qui…., *sunt qui*.

Exemple: Tel rit aujourd'hui, qui pleurera demain; *tournez*, quelques-uns rient…., *quidam hodie rident qui cras flebunt*.

TEL répété , *qui, is.*

§ 303. 4° Quand *tel* est répété, le premier s'exprime par *qui, quæ, quod*, et le second par *is , ea , id* , ou bien le premier par *qualis*, et le second par *talis*.

Exemple : Tel père, tel fils, *qui pater est, is est filius ;* ou *qualis pater est, talis filius.* C'est comme s'il y avait: le fils est tel que le père ; mais la phrase est renversée.

§ 304. 5° Quand *tel*, suivi de *que*, ne peut pas se tourner par *le même* ou *semblable*, on exprime *que* par *ut,* avec le subjonctif.

Exemples : La libéralité doit être telle, qu'elle ne nuise à personne, *ea esse debet liberalitas, ut nemini noceat*.

La force de la vertu est telle, que nous l'aimons

même dans un ennemi, *ea vis est probitatis, ut illam vel in hoste diligamus.*

§ 305. Quand *tel* peut se tourner par *de cette sorte*, on l'exprime par *hujusmodi* en bonne part, et par *istiusmodi* en mauvaise part.

Exemples. Qui n'aimerait de tels enfants? *Quis hujusmodi puerulos non amet?* Qui ne haïrait de telles gens? *Quis istiusmodi homines non oderit?*

1° LE MÊME que, *idem qui*, ou *ac, atque.*

§ 306. Règle. *Le même, la même,* s'expriment par *idem, eadem, idem,* et *que* par *qui, quæ quod,* que l'on met au cas du Verbe suivant.

Exemples: Vous n'êtes pas le même à mon égard que vous avez été autrefois, *non idem es erga me, qui fuisti olim.*

Ma mère n'est pas aujourd'hui la même que je l'ai vue autrefois, *non eadem est hodie mater mea, quam vidi olim* (sous-entendu *eam esse*).

Je me sers des mêmes livres que vous, *iisdem libris utor, quibus tu* (sous-entendu *uteris*).

§ 307. Remarque. *Le même,* devant un Nom ou un Pronom, s'exprime par *idem :* Le même homme, *idem homo.*

§ 308. *Même,* après un Nom ou un Pronom, s'exprime par *ipse, ipsa, ipsum :* L'homme même, *homo ipse;* moi-même, *ego ipse;* vous-même, *tu ipse* [1].

§ 309. 2° *Ne pas même* s'exprime par *ne quidem,* que l'on sépare en mettant un mot entre *ne* et *quidem.*

Exemple: Je ne l'ai pas même vu, *eum ne vidi quidem.*

§ 310. 3° *De même que si,* signifiant *comme si,* s'exprime par *non secùs ac.... perindè ac.... tanquam* [2].

---

[1] Quand le Pronom *même* se rapporte au Nominatif du Verbe, on met toujours le Pronom au Nominatif, quoiqu'en français il soit joint au régime : L'avare se nuit à lui-même, *avarus sibi ipse nocet.*
Mais si *même* ne se rapporte pas au Nominatif, on le fait accorder avec le régime : Le temps ronge le fer même, *vetustas ferrum ipsum exedit.*
[2] On peut également employer *tanquam si, velut si.*

Exemple : Je l'aime de même que s'il était mon frère, *illum perindè amo ac si esset frater meus.*

§ 311. 4° *De même*, non suivi de *que*, se rend par *item* [1]. Il n'en est pas de même des Romains, *non item de Romanis. Et même* s'exprime par *imo.... quin etiam.*

I. AUTRE, autrement que.... *alius, aliter quàm...,*
ac..., atque...

§ 312. RÈGLE. *Autre* s'exprime par *alius, alia, aliud,* et *que* par *quàm* [2], *ac, atque.*

Exemples : Il n'est pas autre qu'il n'était autrefois, *non alius est quàm erat olim.* On n'exprime pas *ne* après *autre.*

Il parle autrement qu'il ne pense, *aliter loquitur ac* ou *atque sentit* [3].

II,

§ 313. *Tout autre* signifiant *quelque autre que ce soit* s'exprime par *quivis alius, quilibet alius;* tout autrement, par *longè aliter,* et *que* par *ac, atque.*

Exemple : Tout autre peuple que le peuple romain eût perdu courage, *quivis alius populus ac romanus despondisset animum.*

§ 314. Mais si *tout autre* signifie *tout différent,* il s'exprime par *longè alius.*

Exemple : Vous êtes tout autre que vous n'étiez, *c'est-à-dire* tout différent, *longè alius es atque eras.*

---

[1] Cette locution peut se rendre de plusieurs autres manières ; mais on ne doit jamais la traduire par *non item,* si ce n'est à la fin d'une phrase.

[2] En général *quàm* ne s'emploie bien que lorsque *alius* est accompagné d'une négation ou d'une interrogation.

[3] Au lieu de *quàm, ac,* il est élégant de répéter *alius, aliter :* Il parle autrement qu'il ne pense, *aliter loquitur, aliter sentit.*

III.

§ 315. Après *lequel des deux* (en latin *uter*), *autre* s'exprime aussi par *uter, utra, utrum.*

Exemple : Examinez lequel des deux a dressé des embûches à l'autre, *quœre uter utri insidias fecerit.*

IV.

§ 316. *L'un.... l'autre, les uns.... les autres,* quand on parle de plus de deux, s'expriment par *alius, alia, aliud,* que l'on répète.

Exemple : Les uns jouent, les autres chantent, *alii ludunt, cantant alii.*

§ 317. Mais si l'on ne parle que de deux, on se sert de *alter* répété, ou de *unus, alter.*

Exemple : L'un dit oui, l'autre dit non, *alter* ou *unus ait, negat alter.*

V.

§ 318. Quand *l'un* est répété, et *l'autre* aussi répété, on les tourne par l'adjectif *différent,* et on les traduit par *alius, alia, aliud,* de cette manière.

Exemples : Les uns aiment une chose, les autres une autre ; *tournez,* différentes personnes aiment différentes choses, *alii aliis rebus delectantur.*

Les uns s'en allèrent d'un côté, les autres de l'autre, *alii aliò dilapsi sunt.*

VI.

§ 319. *Ni l'un ni l'autre* (quand le Nominatif est un Pronom) s'exprime par *neuter, neutra, neutrum; l'un l'autre* par *uterque, utraque, utrumque;* et ils sont ordinairement suivis de *alter, altera, alterum,* et alors on n'exprime pas *se.*

Exemples : Ils ne s'aiment ni l'un ni l'autre, *neuter alterum amat.*

9

Ils se haïssent l'un l'autre, *uterque alterum odit* [1].

VII.

§ 520. *L'un des deux, l'un ou l'autre*, s'expriment par *alteruter, alterutra, alterutrum.*

Exemple: Je vous enverrai l'un ou l'autre, *alterutrum ad te mittam.*

VIII.

§ 321. *L'un après l'autre* s'exprime par *singuli, singulæ, singula.*

Exemple: Il se mit à les manger l'une après l'autre, *cœpit vesci singulis.*

IX.

§322. *Le premier, le second*, quand on ne parle que de deux, s'expriment, *le premier* par *prior*, et *le second* par *posterior*, ou par *alter* répété.

Exemple: Le premier riait toujours, le second pleurait sans cesse, *prior semper ridebat, posterior indesinenter flebat.*

§323. Mais si l'on parle de plus de deux, servez-vous de *primus, secundus.*

§ 324. *Celui-ci, celui-là*, s'expriment, *celui-ci* par *hic*, *celui-là* par *ille.*

Exemple: Celui-ci riait toujours, celui-là pleurait sans cesse, *hic semper ridebat, ille indesinenter flebat.*

X.

§ 325. *Celui des deux qui* s'exprime par *uter, utra, utrum.*

Exemple: Celui des deux qui se dédira, paiera l'amende, *uter demutaverit, pecuniá mulctabitur.*

Au lieu du singulier *uterque* on emploie le pluriel lorsqu'il s'agit de deux partis, de deux peuples, de deux classes d'individus, ou pour désigner deux objets qui vont ensemble, qui forment un couple, une paire.

QUEL, QUELLE, suivis de que, *quicunque*,
quantuscunque.

§ 326. RÈGLE. *Quel, quelle que,* s'expriment par *qui-*
cunque, quæcunque ; et si la chose peut se dire grande, par *quantuscunque, quantacunque....,* qui renferme *que,* et veut ordinairement le subjonctif.

Exemple : Quelle que soit sa mémoire, il oublie cependant bien des choses, *quantacunque sit ejus me-*
moria, multa tamen obliviscitur.

§ 327. *Qui que ce soit qui....* s'exprime par *quicun-*
que.... quilibet....; et si l'on ne parle que de deux,
c'est par *utercunque, utracunque.*

Exemple : Qui que ce soit des deux partis qui rem-
porte la victoire, nous périrons, *utracunque pars vice-*
rit, tamen perituri sumus.

QUELQUE... que... suivi d'un Nom.

I.

§ 328. Si c'est un Nom de choses qui ne se comptent
pas, on l'exprime par *quicunque...., qualiscunque....;*
et si la chose peut se dire grande, par *quantuscunque,*
quantacunque, etc.

Exemple : Quelque parti que vous preniez, *quod-*
cunque consilium capias.

II.

§ 329. Si c'est un Nom de choses qui se comptent,
on exprime *quelque... que...* par *quotcunque* ou *quan-*
tumvis multi, æ, a.

Exemple : Quelques services que vous rendiez à un
ingrat, vous ne lui en rendrez jamais assez, *quotcun-*
que apud ingratum officia posueris, nunquam satis
multa contuleris.

QUELQUE.... que, suivi d'un Adjectif.

§ 330. Si *quelque....que* est suivi d'un Adjectif, d'un Adverbe ou d'un Participe, on l'exprime par *quantumvis*; et si c'est le Participe d'un Verbe de prix, par *quanticunque*.

Exemples: Quelque savant qu'il soit, il ignore cependant bien des choses, *quantumvis sit doctus, multa tamen ignorat*.

Quelque estimable que soit la science...., *quanticunque æstimanda sit doctrina*.

§ 331. *Quelque grand que....* s'exprime par *quantuscunque, quantacunque...*; *quelque petit que*, par *quantuluscunque, quantulacunque*.

PRONOMS *français qui ne s'expriment pas en latin.*

I.

Je crois qu'il faut; *tournez*, je crois falloir.

§ 332. RÈGLE. *Il*, devant un impersonnel, ne s'exprime pas, excepté devant *pænitet, piget, pudet, tædet, miseret*.

Exemples: Je crois qu'il faut, *credo oportere*.

Vous savez qu'il est honteux de mentir, *scis mentiri turpe esse*.

II.

§ 333. Quand *celui, celle* ou *ceux*, suivis d'un Génitif, sont employés pour un Nom précédent, on ne se sert pas de *ille, illa, illud*, mais on répète le Nom qui précède.

Exemples: Les qualités de l'âme sont bien préférables à celles du corps, *animi dotes corporis dotibus longè præstant*.

La vie des hommes est plus courte que celle des corneilles, *brevior est vita hominum quàm cornicum vita* (On peut ne pas répéter le Nom, quand il doit être mis au même cas, et dire, *brevior est hominum quàm cornicum vita.*)

III.

§ 334. Dans les phrases suivantes : *C'est ainsi que, est-ce ainsi que...*, on n'exprime ni *c'est* ni *que*.

Exemples : C'est ainsi qu'il parla ; *tournez*, il parla ainsi, *sic locutus est.*

Est-ce ainsi que vous défendez vos amis ? *tournez*, défendez-vous ainsi...? *Siccine tuos amicos defendis ?*

C'est vous-même que je cherche, *teipsum quæro.*

IV.

§ 335. *Ce n'est pas que* se rend en latin par *non quòd*; mais *c'est que*, par *sed quòd*.

Exemple : Ce n'est pas que j'approuve, mais c'est que..., *Non quòd approbem, sed quòd....*

§ 336. S'il suit un comparatif, rendez *ce n'est pas que* par *non quò..., sed quò*. Ce n'est pas que l'un me soit plus cher que l'autre, *non quò mihi sit alter altero carior.*

§ 337. S'il suit une négation, par *non quin...* Ce n'est pas que je ne pense, *non quin existimem.*

V.

§ 338. *Ce n'est pas à dire pour cela que....Est-ce à dire pour cela que*, se rendent par *non continuò, non ideò..., an continuò, an ideò....*

Exemple : Quoique j'aie salué des méchants, ce n'est pas à dire pour cela que je sois méchant, *quamvis improbos salutaverim, non continuò sum improbus.*

VI.

§ 339. *Ce qui* ou *ce que*, suivis de *c'est* et d'un Nom, ne s'expriment pas en latin [1].

---

[1] Dans ces sortes de phrases, le démonstratif *ce* ne sert qu'à appeler

Exemple: Ce qui me chagrine le plus, c'est la mauvaise santé de mon père; *tournez,* la mauvaise santé de mon père me chagrine le plus, *valetudo patris me potissimùm sollicitat.*

§ 340. *Ce qui, ce que,* s'expriment par *illud,* quand ils sont suivis de *c'est que.*

Exemples: Ce que j'espère, c'est que je vivrai éternellement; *illud spero, me futurum immortalem.* (Après *espérer,* on retranche le *que.*)

Ce que je crains, c'est que..., *illud vereor, ne.* (Après *craindre,* le *que* s'exprime par *ne.*)

Ce dont je doute, c'est que..., *illud dubito, an.* (Après *douter,* le *que* s'exprime par *an.*)

Ce qui me console, c'est que..., *illud me consolatur, quòd....*

VII.

§341. *C'est,* devant un infinitif suivi de *que de,* se tourne par *celui qui.*

Exemple: C'est se tromper que de croire; *tournez,* celui qui croit.... se trompe, *errat, qui putat.*

CHAPITRE TROISIÈME.

DES PARTICIPES.

Participes français qui manquent en latin.

I.

§342. Le Verbe latin *Sum* n'a ni le Participe du présent *étant,* ni le Participe du passé *ayant été:* on se sert des Conjonctions *lorsque, après que, puisque, quum, postquam.*

Exemples: Cicéron étant consul, la conjuration fut

---

l'attention sur l'idée qu'il détermine ; on arrive au même résultat en exprimant cette idée en tête de la proposition.

découverte; *tournez*, lorsque Cicéron était consul, la conjuration fut découverte, *quum Cicero esset consul, detecta fuit conjuratio* [1].

Cicéron, ayant été consul, fut néanmoins envoyé en exil ; *tournez*, après que Cicéron eut été consul..., *Cicero, postquam fuisset* [2] *consul, tamen in exsilium actus est.*

II.

§ 343. Le Participe passé actif, comme *ayant aimé*, manque en latin (excepté dans quelques Verbes déponents); on le tourne par *lorsque, puisque.*

Exemple: Un rat ayant rencontré un éléphant, *mus elephanto quum fuisset obvius.*

III.

§ 344. Le Participe passé du passif manque en latin, quand le Verbe est neutre, et souvent quand il est déponent : alors on tourne par l'actif, et l'on se sert des Conjonctions *quum, postquam.*

Exemples : Etant favorisé de Dieu, il vint à bout de son entreprise, *quum Deus ei favisset, consilium perfecit suum.*

Ayant été poursuivi des voleurs, il s'échappa, *quum latrones eum persecuti essent, evasit.*

PARTICIPES *français qui s'expriment en latin par une Préposition et un Nom.*

Ayant autant de prudence; *tournez*, eu égard à votre prudence.

---

[1] On peut aussi mettre les deux Noms à l'Ablatif, et dire : *Cicerone consule, detecta fuit conjuratio.*

[2] Il serait plus correct de dire *postquam fuerat :* cette conjonction n'est suivie du subjonctif que lorsqu'elle dépend d'une proposition déjà subordonnée.

§ 345. Règle. *Ayant autant de...*, avec un Nom, *étant aussi*, avec un Adjectif, se tournent en latin par *eu égard à.... pro*, avec l'Ablatif du Nom.

Exemple : Ayant autant de prudence que vous en avez, étant aussi prudent que vous l'êtes, *pro tuâ prudentiâ.*

§ 346. Remarque. On peut encore tourner, *quelle est votre prudence*, et dire : *quæ tua est prudentia.*

CHAPITRE QUATRIÈME.

DES ADVERBES.

I. Que *Adverbe.*

Que tardez-vous ? *tournez*, pourquoi tardez-vous ?

§ 347. Le *que* interrogatif adverbe se tourne par *pourquoi*, et s'exprime par *quid* ou *cur* ; mais s'il est suivi d'une négation, on tourne par *pourquoi ne*, et on l'exprime par *quin* ou *cur non*.

Exemples: Que tardez-vous? *quid* ou *cur moraris?*
Que n'accourez-vous ici ? *quin* ou *cur non huc advolas?*

§ 348. Si le *que* interrogatif peut se tourner par *combien*, on l'exprime avec un Verbe de prix par *quanti*.

Exemple: Que vous a coûté cette maison? *tournez*, combien vous a coûté....; *quanti tibi constitit hæc domus?*

II. Que *de désir.*

Que ne puis-je ! Que je voudrais ! *Utinam !*

§ 349. Le *que* de désir se connait, lorsqu'on peut le tourner par *plaise à Dieu que...;* et se rend en latin par *utinam*, avec le subjonctif, sans exprimer *ne*.

Exemple: Que ne puis-je vous entretenir! *utinam tecum loqui possim!*

III.

§ 350. *Ne que,* signifiant seulement, *solummodo.*

Ne que, signifiant seulement, se rend en latin par *solummodo*[1], ou par *solus, sola, solum,* que l'on fait accorder avec le Nom qui suit.

Exemple: La louange n'est due qu'à la vertu, *c'est-à-dire* est due seulement..., *laus virtuti solummodo debetur;* ou bien, est due à la seule vertu, *laus soli virtuti debetur.*

§ 351. Si *ne que* signifie *rien autre chose que,* on exprime *rien autre chose* par *nihil aliud,* et *que* par *nisi* ou *quàm.*

Exemple: Il n'a pris que sa robe, *c'est-à-dire* rien autre chose que.... *nihil aliud nisi togam sumpsit.*

IV.   QUE entre deux négations.

§ 352. Si *que,* entre deux négations, est relatif, *c'est-à-dire* s'il est précédé d'un Nom auquel il se rapporte, on l'exprime par *qui, quæ, quod,* et on le met au cas du Verbe.

Exemple: Le sage n'assure rien qu'il ne prouve, *sapiens nihil affirmat quod non probet.*

§ 353. Mais s'il est Adverbe, on l'exprime par *quin nisi, priusquam,* avec le subjonctif.

Exemple: Je ne partirai pas d'ici que je ne vous aie vu, *non hinc proficiscar, quin,* ou *nisi,* ou *priusquam te viderim.*

---

[1] Ou plutôt par *solùm, tantùm, duntaxat.*

9.

V. QUE *d'admiration.*

§ 354. Le *que* d'admiration se connaît quand il peut se tourner par *combien*, et il s'exprime de même que *combien*.

§ 355. REMARQUE. Lorsque le *que* d'admiration ou l'Adverbe *combien* est joint au mot *grand*, on l'exprime par *quantus, quanta, quantum.*

Exemple : Que ma joie serait grande ! *quanta esset mea lætitia!*

§ 356. Lorsqu'il est joint au mot *petit*, on l'exprime par *quantulus, quantula, quantulum.*

Exemple : Que cette classe est petite ! *quantula est hæc schola* [1] !

ADVERBES DE QUANTITÉ.

§ 357. Les Adverbes de quantité s'expriment de différentes manières en latin, selon les différents mots auxquels ils sont joints.

I.

Que *ou* combien d'eau, *quantùm aquæ.*

§ 358. Devant un Nom de choses qui ne se comptent pas,

ON EXPRIME

Que *ou* combien,	*Quantùm*,	
Peu,	*Parum,*	
Beaucoup,	*Multùm,*	
Moins,	*Minùs,*	PAR … Avec le Génitif.
Plus,	*Plus,*	
Autant, tant,	*Tantùm,*	
Assez,	*Satìs,*	
Trop,	*Nimis, nimiùm,*	

---

[1] Après un *que* d'admiration, la négation française ne s'exprime pas en latin.

Exemple : Que de malheurs n'a-t-il pas essuyés ! *quot et quantas calamitates hausit !*

Exemples :

Que *ou* combien d'eau,	*Quantùm aquæ.*
Peu d'eau [1],	*Parùm aquæ.*
Beaucoup d'eau,	*Multùm aquæ.*
Moins d'eau,	*Minùs aquæ.*
Plus d'eau,	*Plus aquæ.*
Tant, autant d'eau,	*Tantùm aquæ.*
Assez d'eau,	*Satìs aquæ.*
Trop d'eau,	*Nimis, nimiùm aquæ.*

§ 359. REMARQUE. Quand la chose qui ne se compte pas peut se dire grande,

ON EXPRIME

Que *ou* combien,	*Quantus, a, um.*
Peu,	*Parvus, a, um.*
Beaucoup,	*Magnus, a, um.*
Moins,	*Minor, us.*
Plus,	*Major, us.*
Autant, tant,	*Tantus, a, um.*
Assez,	*Satis magnus, a, um.*
Trop, *Nimius, a, um* ou	*Nimis magnus, a, um.*

§ 360. L'on fait accorder ces Adjectifs avec le Nom.

Exemples :

Que *ou* combien de science,	*Quanta doctrina.*
Peu de science,	*Parva doctrina.*
Beaucoup de science,	*Magna doctrina.*
Moins de science,	*Minor doctrina.*
Plus de science,	*Major doctrina.*
Autant, tant de science,	*Tanta doctrina.*
Assez de science,	*Satis magna doctrina.*
Trop de science, *Nimia* ou	*Nimis magna doctrina.*

---

[1] *Un peu, quelque peu,* devant un Nom, s'expriment par *tantillùm, aliquantulum,* avec le Génitif : Un peu d'eau, *tantillùm aquæ.*
Un peu, devant un Adjectif, ou un Adverbe, ou un Verbe, s'exprime

II.

§ 361. Devant un Nom pluriel de choses qui se comptent,

	PAR	
Que *ou* combien [1],		*Quot* ou *quàm multi, æ, a.*
Peu,		*Pauci, cæ, ca.*
Beaucoup,		*Multi, æ, a.*
Moins,		*Pauciores, ra.*
Plus,		*Plures, ra.*
Autant, tant,		*Tot* ou *tam multi, æ, a.*
Assez,		*Satìs multi, æ, a.*
Trop,		*Nimis multi, æ, a.*

§ 362. L'on fait accorder ces Adjectifs avec le Nom pluriel qui suit.

Exemples :

Que *ou* combien de livres,	*Quot* ou *quàm multi libri.*
Peu de livres,	*Pauci libri.*
Beaucoup de livres,	*Multi libri.*
Moins de livres,	*Pauciores libri.*
Plus de livres,	*Plures libri.*
Autant, tant de livres,	*Tot libri.*
Assez de livres,	*Satìs multi libri.*
Trop de livres,	*Nimis multi libri.*

§ 363. REMARQUE. Quand l'Adverbe *combien* signifie *combien de personnes,* on l'exprime toujours par *quàm multi :* Vous voyez combien nous sommes ici, *vides quàm multi hic adsimus;* et non pas *quot adsimus.* (*Quot* et *tot* ne s'emploient que devant un Nom exprimé.)

III.

§ 364. Devant un Adjectif ou un Adverbe,

---

par *leviter :* Un peu blessé, *leviter vulneratus.* Il se fâche un peu, *leviter irascitur.*

[1] *Combien,* signifiant *combien peu,* s'exprime par *quotusquisque, quotaquæque :* Combien y en a-t-il qui soient éloquents? *quotusquisque est disertus?*

ON EXPRIME

Que *ou* combien,		*Quàm* ou *ut.*
Peu,		*Parum.*
Beaucoup, bien, fort,		*Multùm, valde.*
Moins,	PAR	*Minùs.*
Plus,		*Magis* ou un comparatif.
Tant, aussi, si,		*Tam.*
Assez, }[1]		*Satis.*
Trop,		*Nimis.*

Exemples: Que *ou* combien il est modeste ! *Quàm ou ut modestus est !*

Peu modeste,	*Parum modestus.*
Bien modeste,	*Multùm modestus* ou *modestissimus.*
Moins modeste,	*Minùs modestus.*
Plus modeste,	*Magis modestus* ou *modestior.*
Aussi, si modeste,	*Tam modestus.*
Assez modeste,	*Satìs modestus.*
Trop modeste,	*Nimis modestus* ou *modestior.*

§ 365. REMARQUE. *Si grand, aussi grand,* s'expriment par *tantus, a, um; si petit, aussi petit,* par *tantulus, a, um.*

IV.

§ 366. Devant un comparatif ou un Verbe d'excellence, comme *excello, præsto, supero, malo,*

ON EXPRIME

Que *ou* combien,		*Quantò.*
Un peu,	PAR	*Paulò.*
Bien, beaucoup,		*Multò* ou *longè.*
Autant, tant,		*Tantò.*

Exemples: Qu'il est ! *ou* combien est-il plus savant! *Quantò doctior est !* un peu plus savant, *paulò doctior;* bien *ou* beaucoup plus savant, *multò doctior.*

---

[1] Voyez *assez, trop,* suivis de *pour,* ci-après, page 217.

Vous l'emportez autant sur les autres, *tantò præstas aliis.*

§ 367. Remarque. *Combien, un peu, beaucoup, autant,* devant les Adverbes *antè et pòst,* s'expriment de même : combien auparavant, *quantò antè;* un peu auparavant, *paulò antè;* beaucoup auparavant, *multò antè.*

V.

§ 368. Devant un Verbe ordinaire,

ON EXPRIME

	PAR	
Que *ou* combien,		*Quàm, quantùm, ut.*
Peu,		*Parum.*
Beaucoup,		*Multùm, valdè, plurimùm.*
Moins,		*Minùs.*
Plus,		*Magìs, plus, ampliùs.*
Autant, aussi, si,		*Tantùm, tam.*
Assez,		*Satìs.*
Trop,		*Nimis, nimiò plus, plus æquo.*

Exemples : Que *ou* combien il est aimé ! *Quàm, quantùm amatur!*

Il est peu aimé,	*Parum amatur.*
Il est beaucoup aimé	*Multùm, valdè amatur.*
Il est moins aimé,	*Minùs amatur.*
Il est plus aimé,	*Plus, magìs amatur.*
Il est aussi, autant aime,	*Tantùm, tam amatur.*
Il est assez aimé,	*Satìs amatur.*
Il est trop aimé,	*Nimis, nimio plus amatur.*

§ 369. Remarque. *Plus, moins, trop,* avec *refert, interest,* s'expriment par *magis minùs :* Il vous importe plus, *tuâ magis interest;* il importe moins, *meâ minùs interest...*

VI.

§ 370. Devant un Verbe de prix ou d'estime,

ON EXPRIME

Que *ou* combien,		*Quanti.*
Peu,		*Parvi.*
Beaucoup,		*Magni.*
Moins,	P	*Minoris.*
Plus,	A	*Pluris.*
Tant, autant, aussi, si,	R	*Tanti.*
Assez,		*Satis magni.*
Trop,		*Nimiò pluris.*

Exemples : Que *ou* combien il est estimé ! *Quanti æstimatur !*

Il est peu estimé,	*Parvi æstimatur.*
Il est fort estimé,	*Magni æstimatur.*
Il est moins estimé,	*Minoris æstimatur.*
Il est plus estimé,	*Pluris æstimatur.*
Il est tant, autant, aussi, si estimé,	*Tanti æstimatur.*
Il est assez estimé,	*Satis magni æstimatur.*
Il est trop estimé,	*Nimiò pluris æstimatur.*

§ 371. Ire REMARQUE. *Combien, peu, beaucoup, autant, assez,* devant les Verbes *refert, interest,* s'expriment par *quanti, parvi, magni, tanti, satis magni :* Il importe beaucoup, *meâ magni refert.*

§ 372. IIe REMARQUE. *Plus* devant *odisse* et *fugere* se rend par *pejùs :* Je haïssais plus, *eum pejùs oderam.*

I. QUE *après* plus, moins.... *Quum.*

§373. RÈGLE. De quelque manière qu'on exprime *plus, moins,* le *que* suivant se rend toujours par *quàm.*

Exemples :

Plus Moins	de courage que de prudence,
Plus Minùs	*fortitudinis quàm prudentiœ.*

| Plus
Moins | } de villes que de bourgs, |
| *Plures*
Pauciores | } *urbes quàm vici.* |

| Il est | } plus
moins | } estimé que son frère, |
| *Pluris*
Minoris | } *æstimatur quàm frater.* |

II. Que, *après* autant, aussi.

§ 374. 1° S'il est devant un Nom de choses qui ne se comptent pas, on l'exprime par *quantùm* avec le Génitif.

Exemple : Autant de modestie que de science, *tantùm modestiæ quantùm doctrinæ.* On dit aussi : *tanta modestia, quanta doctrina.*

§ 375. 2° Devant un Nom de choses qui se comptent, on l'exprime par *quot.*

Exemple : Autant de fruits que de fleurs, *tot fructus quot flores.*

§ 376. 3° Devant un Adjectif ou un Adverbe, par *quàm.*

Exemple : Il est aussi prudent que brave, *tam prudens est quàm fortis.*

§ 377. 4° Devant un Verbe ordinaire, par *quantùm.*

Exemple : Je vous aime autant que vous m'aimez, *tantùm te amo quantùm me amas.*

§ 378. 5° Devant un Verbe de prix ou d'estime, par *quanti.*

Exemple : Je vous estime autant que vous m'estimez, *tanti te facio quanti me facis.*

§ 379. Remarque. Après *autant, aussi, que* suivi de *peu* s'exprime par *quàm,* et alors *autant* s'exprime par *tam magni.*

Exemple : Il vous importe autant qu'il m'importe peu, *tuâ tam magni refert, quàm parvi meâ.*

III.

§ 380. 6° *Autant que*, au commencement d'une phrase, s'exprime par *quantùm*[1].

Exemple: Autant que je puis prévoir, *quantùm prospicere possum*.

IV.

§ 381. 7° *Autant, aussi*, à la fin d'une phrase, s'expriment par les Adverbes suivants :

S'ILS SE RAPPORTENT

à un Nom de choses qui ne se comptent
pas, *Tantumdem.*
à un Nom de choses qui se comptent, *Totidem.*
à un Adjectif, *Item.*
à un Verbe ordinaire, *Tantumdem,*
à un Verbe de prix, *Tantidem.*

Exemples : Vous avez beaucoup de loisir, je n'en ai pas autant, *habes multùm otii, non habeo tantùmdem.*

J'ai beaucoup de livres, vous n'en avez pas autant, *sunt mihi libri benè multi, non sunt tibi totidem*, etc.

V.

§ 382. Après *aussi, autant, plus,* on exprime de cette manière :

Qu'homme du monde,
Que qui que ce soit, } *Quàm qui maximè.*

Que chose du monde,
Que quoi que ce soit, } *Quàm quod maximè.*

Que jamais, *Quàm quum maximè.*
Qu'en aucun lieu du monde, *Quàm ubi maximè.*

Avec un Verbe de prix ou d'estime, mettez *quanti* au lieu de *quàm*, et *plurimi* au lieu de *maximè*.

---

[1] Si *autant que* est l'équivalent de *à condition que*, on le traduit par *ità* au premier membre, *si* au second. S'il signifie *selon que*, on le traduit par *prout*.

Exemples : Il est aussi prudent qu'homme du monde ; *tournez,* que celui qui l'est le plus, *tam prudens
est quàm qui maximè.*

Il est autant estimé que qui ce soit, *tanti fit quanti
qui plurimi.*

Cela m'est aussi agréable que quoi que ce soit ; *tournez,* que ce qui me l'est le plus, *id mihi tam gratum
est quàm quod maximè.*

Il est aussi paresseux que jamais ; *tournez,* que lorsqu'il l'est le plus, *tam piger est quàm quum maximè.*

La vieillesse était aussi honorée à Lacédémone qu'en
aucun lieu du monde, *senectus tantùm honorabatur
Lacedæmone quantùm ubi maximè.*

VI. Autant *répété.*

§ 383. Quand *autant* est répété, le premier tient lieu
de *que,* et s'exprime de même par *quantùm, quot,
quanti,* etc. ; le second par *tantùm, tot, tanti,* selon
les mots auxquels ils sont joints.

Exemples : Autant ce jeune homme avait de science,
autant il avait de modestie ; *quantùm doctrinæ in eo
adolescente, tantùm modestiæ inerat.* C'est comme s'il
y avait, *ce jeune homme avait autant de modestie que
de science ;* mais la phrase est renversée.

Autant d'hommes, autant de sentiments ; *quot homines, tot sententiæ.*

Autant la politesse plaît, autant la grossièreté dé-
plaît, *quàm delectat urbanitas, tam offendit rusticitas.*

D'AUTANT devant *plus, moins que*..... *eò,* quò
ou quòd.

I.

§ 384. RÈGLE. 1° *D'autant* devant *plus, moins,* s'exprime par *eò* ou *tantò.* 2° *Plus, moins,* s'expriment ensuite selon les mots auxquels ils se rapportent. 3° *Que*

s'exprime par *quò* ou *quantò*, s'il est suivi d'un comparatif [1] auquel il se rapporte.

Exemples: Il est d'autant plus modeste, qu'il est plus savant; *tournez,* il est plus modeste, par cela qu'il est plus savant; *eò modestior est, quò doctior.*

Il est d'autant moins estimé, qu'il est plus orgueilleux, *eò minoris fit, quò superbior est.*

II.

§ 385. *Que,* après *d'autant plus,* s'exprime par *quòd* s'il n'est pas suivi d'un comparatif.

Exemple: Cela a paru d'autant plus surprenant, qu'on ne s'y attendait pas, *id eò mirabilius visum est, quòd a nemine exspectabatur.*

§ 386. Remarque. *A proportion que* se tourne par *d'autant plus,* et s'exprime de même.

Exemple: Il est plus modeste, à proportion qu'il est plus savant, *eò modestior est quò doctior:* c'est-à-dire il est d'autant plus modeste, qu'il est plus savant.

Devant PLUS *ou* MOINS *répétés.....* quò, eò.

I.

§ 387. *Plus, moins,* répétés, sont la même chose que *d'autant plus, d'autant moins;* mais la phrase est renversée: ainsi, l'on met *quò* devant le premier *plus* ou *moins, eò* devant le second, en exprimant toujours *plus* ou *moins* selon les mots auxquels ils se rapportent.

---

[1] Cette règle a lieu, même quand *d'autant plus* est suivi de deux *que. Exemple: Tibi eò plus debebo, quò tua in me humanitas fuerit excelsior quam in te mea.* (Cic. *ad Attic.,* lib. III, Epist. 20.)

Exemple : Plus il est savant, plus il est modeste; *quò doctior, eò modestior est.*

II.

§ 388. *Plus on, plus une personne,* se tournent par *plus quelqu'un,* quò quis, avec un comparatif[1]; *plus une chose* se tourne par *plus quelque chose,* quò quid (*pour* quò aliquis, aliquid ; *après* quò *on retranche* ali).

Exemples : Plus on est vicieux, plus on est malheureux ; *tournez,* plus quelqu'un est vicieux..., *quò quis vitiosior, eò miserior est.*

Tout le monde convient que plus une chose est difficile, plus il faut y apporter de soin, *fatentur omnes, quò quid difficilius est, eò majorem ad id adhibendam esse curam.*

Lorsqu'il y a un *que retranché* devant le premier *plus* ou *moins,* ce *que* retombe sur le second *plus* ou *moins.*

Le plus, le moins.

I.

§ 389. Devant un Adjectif,

Le *plus* s'exprime par un superlatif, ou par *maximè* avec le positif.

Exemple : Le plus savant de tous, *omnium doctissimus* ou *maximè doctus.*

Le *moins* s'exprime par *minimè* avec le positif.

Exemple : Le moins savant de tous, *omnium minimè doctus.*

§ 390. Servez-vous aussi de *maximè, minimè,* avec un Verbe ordinaire.

---

[1] Le premier *plus on* peut encore s'exprimer par *ut quisque* avec un superlatif, et le second par *ita* avec un superlatif encore.
Exemple : Plus on est vicieux, plus on est malheureux ; *ut quisque vitiosissimus, ita miserrimus est.*

II.

§ 391. Devant un Verbe de prix, d'estime,

Le plus s'exprime par *maximi, plurimi.*

Exemple : L'enfant que j'estime le plus, *puer quem plurimi omnium facio.*

Le moins s'exprime par *minimi.*

Exemple : L'enfant que j'estime le moins, *puer quem minimi omnium facio.*

III.

§392. Devant un Adjectif ou un Adverbe, suivis d'un *que* Adverbe,

Le plus s'exprime par le superlatif, devant lequel on met *quàm.*

Exemple : Soyez le plus indulgent que vous pourrez, *esto quàm facillimus.*

Le moins s'exprime par *quàm minimè*, avec le positif.

Exemple : Soyez le moins indulgent que vous pourrez, *esto quàm minimè facilis.*

IV.

§393. Devant un Nom singulier, suivi d'un *que* Adverbe,

Le plus s'exprime par *quàm plurimùm*, avec le Génitif, ou par *quàm plurimus, a, um*, que l'on fait accorder avec le Nom.

Exemple : Il a employé le plus de diligence qu'il a pu, *adhibuit quàm plurimum potuit diligentiæ,* ou *quàm plurimam potuit diligentiam.*

Le moins s'exprime par *quàm minimùm*, avec le Génitif, ou par *quàm minimus, a, um*, que l'on fait accorder avec le Nom.

Exemple : Il a employé le moins de diligence qu'il a pu, *adhibuit quàm minimùm potuit diligentiæ,* ou *quàm minimam potuit diligentiam.*

V.

§394. Devant un Nom pluriel de choses qui se comptent, suivi d'un *que* Adverbe,

Le plus s'exprime par *quàm plurimi, mæ, ma*, que l'on fait accorder avec le nom.

Exemple : Il a lu le plus de livres qu'il a pu, *quàm plurimos potuit libros legit.*

Le moins s'exprime par *quàm paucissimi, mæ, ma*, que l'on fait accorder avec le nom.

Exemple : Il a lu le moins de livres qu'il a pu, *quàm paucissimos potuit libros legit.*

VI.

§ 395. Devant un Adjectif suivi d'un *qui* ou *que* relatif,

Le plus s'exprime par le superlatif; *qui* ou *que* par *qui, quœ, quod*, avec le subjonctif.

Exemple : Il est le plus savant que je connaisse, *c'est-à-dire* le plus savant de tous ceux que je connais, *est omnium quos noverim doctissimus.*

Le moins s'exprime par *minimè* avec le positif; *qui* ou *que*, par *qui, quœ, quod*, avec le subjonctif.

Exemple : Il est le moins savant que je connaisse, *c'est-à-dire* de tous ceux que je connais, *est omnium quos noverim minimè doctus.*

TANT QUE.

I.

§ 396. Iʳᵉ RÈGLE. Si *tant que* est précédé d'une négation, on le tourne ordinairement par *autant que,* et on l'exprime de même.

Exemples : Il n'a pas tant de science que de présomption, *c'est-à-dire* autant de science que de présomption, *non in eo inest tantùm doctrinœ quantùm arrogantiœ.*

Il n'y a pas tant de fruits que de fleurs, *non sunt tot fructus quot flores.*

§ 397. *Tant,* devant un comparatif, se rend par *tantò :* Tant pis, *tantò pejùs ;* tant mieux, *tantò meliùs.*

II.

§ 398. IIᵐᵉ RÈGLE. Si *tant* ne peut pas se tourner par *autant*[1], le *que* suivant s'exprime toujours par *ut* avec le subjonctif.

Exemples : Il a reçu tant de coups, qu'il en est mort, *tot plagas accepit, ut mortuus sit.*

---

[1] C'est-à-dire s'il n'y a pas de comparaison.

J'estime tant la vertu, que je la préfère à tous les trésors, *tanti facio virtutem, ut eam thesauris omnibus anteponam.*

III.

§ 399. *Tant que*, signifiant *tandis que, tant de temps que*, s'exprime par *dum, donec, quandiu.*

Exemples : Tant que vous serez heureux, vous compterez beaucoup d'amis, *donec eris felix, multos amicos numerabis.*

Tant qu'il a vécu, *quandiu vixit.*

IV.

§ 400. *Tant... que*, signifiant *non-seulement, mais encore*, s'exprime par *tum* répété, ou par *quum, tum.*

Exemple : Les philosophes, tant anciens que modernes, *philosophi, tum veteres, tum recentiores*, ou *quum veteres, tum recentiores.*

V.

§ 401. *Non pas tant pour... que pour...* s'exprime par *non tam ut.... quàm ut....* avec le subjonctif.

Exemple : Je vous écris, non pas tant pour vous louer, que pour vous féliciter, *ad te scribo, non tam ut te laudem, quàm ut tibi gratuler.*

VI.

§ 402. *Tant.... tant il est vrai que* se rend en latin par *adeò* devant un Adjectif ou un Verbe ordinaire, par *tanti* devant un Verbe de prix, par *tantò* devant un comparatif.

Exemples : Tant est rare une amitié fidèle, *adeò rara est fidelis amicitia.*

Tant la sagesse l'emporte sur les richesses, *tantò præstat divitiis sapientia.*

Sɪ *Adverbe.*

I.

§ 403. Quand *si...que...* peut se tourner par *aussi...
que*, on l'exprime de même (Voyez *que* après *aussi*,
p. 208.)

II.

§ 404. Quand *si* ne peut pas se tourner par *aussi*, on
l'exprime par *tam, adeò, ità*, devant un Adjectif, un
Adverbe et un Verbe ordinaire; par *tanti* devant un
Verbe de prix ou d'estime; et le *que* s'exprime toujours
par *ut* avec le subjonctif.

Exemples : Dieu est si bon, qu'il aime les hommes,
Deus est tam bonus, ut amet homines.

Il fut si frappé de cette nouvelle, qu'il mourut, *eo
nuntio ità perculsus est, ut mortuus sit.*

Il est si estimé, que.... *tanti fit, ut....*

III.

§ 405. *Si grand* s'exprime par *tantus, ta, tum; si
petit*, par *tantulus, la, lum;* et, quand *si* ne peut pas
se tourner par *aussi*, le *que* suivant se rend par *ut*
avec le subjonctif.

Exemples : La bonté de Dieu est si grande, qu'il
nous aime, *tanta est Dei bonitas, ut nos amet.*

Cette étoile est si petite, qu'on ne peut la voir, *stella
hœc tantula est, ut perspici non queat.*

§ 406. Mais quand *si grand* peut se tourner par
aussi grand, on exprime *que* par *quantus, ta, tum;* et,
quand *si petit* peut se tourner par *aussi petit*, on exprime *que* par *quantulus, la, lum.*

Exemples : La terre n'est pas si grande que le soleil;
tournez, n'est pas aussi grande.... *non tanta est terra
quantus sol.*

Cette classe n'est pas si petite que la nôtre, *c'est-à-dire* aussi petite.... *hæc schola non tantula est, quantula est nostra.*

Assez... pour... *en latin,* Tant... *ou si...* que....

I.

§ 407. Règle. Quand *assez* est suivi de *pour*, on tourne *assez* par *tant* ou *si*, qu'on exprime selon les mots auxquels il se rapporte ; *pour* se tourne par *que*, et s'exprime par *ut* avec le subjonctif

Exemples : Avez-vous assez de loisir pour lire même des fables ? *tournez,* avez-vous tant de loisir, que vous lisiez..., *est ne tibi tantùm otii, ut etiam fabulas legas?*

Je ne suis pas assez insolent pour me croire roi ; *tournez,* si insolent, que je me croie..., *non sum tam insolens, ut regem esse me putem* [1].

Il n'est pas assez estimé pour que je me fie à lui ; *tournez,* si estimé, que je me fie..., *non tanti fit, ut ei confidam* [2].

II.

§ 408. *Assez* peu suivi de *pour*..., se tourne par *si peu que....* et s'exprime, *assez* par *tam*, *peu* selon le mot auquel il se rapporte, et *pour* par *ut* avec le subjonctif.

Exemple : J'ai assez peu d'ambition pour mépriser les honneurs ; *tournez,* j'ai si peu d'ambition, que je méprise..., *inest in me tam parùm ambitionis, ut honores despiciam.*

---

[1] Au lieu de *ut*, on peut se servir de *qui*, *quæ*, *quod*, comme après mériter....: *non sum tam insolens, qui regem esse me putem.*

[2] *Assez pour,* suivi d'un infinitif, peut aussi se rendre par *ad* avec le Gérondif ; ou par *is*, *ea*, *id* avec *ut* et le subjonctif.

TROP..... POUR..... *en latin*, Plus que *(il ne faut)* pour....

I.

§ 409. RÈGLE. Quand *trop* est suivi de *pour*, on tourne *trop* par *plus*, qu'on exprime selon les mots auxquels il se rapporte; et *pour* s'exprime par *quàm ut* avec le subjonctif.

Exemples : Il a avalé trop de poison pour recouvrer la santé, *plus veneni hausit quàm ut sanitati resti-tuatur* [1]. On peut dire aussi, *quàm qui sanitati resti-tuetur.*

Il a commis trop de crimes pour que les juges aient pitié de lui, *plura admisit scelera quàm ut illius judices misereat.* On peut dire aussi, *quàm cujus judices misereat.*

Je suis trop élevé pour que la fortune puisse me nuire, *major sum, quàm ut fortuna mihi nocere possit* (ou *quàm cui*).

Je vous estime trop pour vous blâmer, *pluris te facio quàm ut te vituperem.*

II.

Ne pas assez..... pour... } *en latin, moins que (il ne*
Trop peu........... pour... } *faut) pour.....*

§ 410. RÈGLE. *Trop peu* se tourne par *moins*, et s'exprime de même ; et *pour* par *quàm ut* avec le subjonctif.

Exemples : Il a trop peu d'esprit pour conduire cette affaire ; *tournez*, il a moins d'esprit que.... *minùs habet ingenii quàm ut rem gerat.*

Il avait trop peu de soldats pour vaincre, *pauciores habebat milites quàm ut vinceret.*

Il était trop peu estimé pour..., *minoris æstimaba-tur quàm ut....*

---

[1] Entre *quàm* et *ut* il y a une proposition entière sous-entendue. Littéralement : il a avalé plus de poison *qu'il ne convient* pour que....

ADVERBES DE TEMPS.

A PEINE..... QUE..... *Vix*..... *quum*.... AUSSITÔT
QUE..... *Statim ut.....*

I.

§ 411. *A peine* s'exprime par *vix*, et le *que* suivant
par *quum* avec l'indicatif.

Exemple : A peine fut-il arrivé, qu'il tomba malade,
vix advenit, quum in morbum incidit.

§ 412. *Aussitôt que* s'exprime par *statim ut*[1] ; *ne
pas plutôt que* est la même chose.

Exemple : Aussitôt qu'il fut arrivé, il tomba malade, *statim ut advenit, in morbum incidit.*

II.

§ 413. *Plus tôt*, signifiant *de meilleure heure*, s'exprime par *maturiùs;* s'il signifie *plus vite*, par *citiùs,
celeriùs.*

Exemples : Il s'est levé plus tôt qu'à l'ordinaire,
maturiùs solito surrexit.

Il est arrivé plus tôt qu'on ne pensait, *citiùs venit
quàm putabant.*

III.

§ 414. Quand *plutôt* marque la préférence d'une
chose sur une autre, on l'exprime par *potiùs*, et *que
de* par *quàm* avec le subjonctif.

Exemple : Combattez plutôt que de devenir esclave,
depugna potiùs quàm servias[2].

§ 415. Après les Adverbes et les Noms de temps, on
exprime *que* par *quum* (ou *ex quo*, quand il peut se
tourner par *depuis que*).

Exemples : Présentement que..., *nunc quum.* Hier
que..., *heri quum.*

---

[1] Ou par *simul ac*, *simul atque*, *simul ut*, *ut primùm.*

[2] Si le premier Verbe est au participe neutre en *dum*, on y mettra
également le second : *depugnandum est potiùs quàm serviendum.*

La dernière fois que je vous vis, *proximè quum te vidi*.

Un jour que j'étais avec vous, *quâdam die quum tecum essem*.

Il y a longtemps que je vous attends, *diù est quum te exspecto*. (*Il y a, il y avait*, se tourne par le Verbe *être*.)

Du temps que Rome florissait, *tum quum Roma floreret*[1].

Un jour viendra que....*veniet* ou *erit tempus quum*.

Il y a des temps que....*incidunt sæpè tempora quum*.

Il y a deux ans qu'il est mort, *duo anni effluxêre ex quo mortuus est* (sous-entendu *tempore*), et non pas *ex quibus*.

CHAPITRE CINQUIÈME.

PRÉPOSITIONS FRANÇAISES.

I. *Préposition* DE.

§ 416. *De*, au commencement d'une phrase, s'exprime par *e* ou *ex*, avec l'Ablatif.

Exemple : De tous les vices, il n'en est pas de plus grand que l'orgueil, *ex omnibus vitiis nullum est majus superbiâ*.

II.

§ 417. *De*, entre un Nom et le présent de l'infinitif actif, veut le gérondif en *di*.

Exemple : Le temps de prier, *tempus orandi*.

§ 418. *De*, entre un Nom et l'infinitif passif ou tout autre Verbe qui n'a point de gérondif, s'exprime par différentes Conjonctions, selon le Verbe d'où le Nom est dérivé

Exemples: Il tremblait de crainte d'être surpris,

---

[1] Quand on ne veut marquer que la simultanéité de deux faits, il vaut mieux employer l'indicatif, et dire par conséquent : *tum quum Roma florebat*.

contremiscebat ne deprehenderetur. (Après *craindre,* *de* s'exprime par *ne.*)

Il a une grande joie d'être le premier, *summâ per-* *funditur lœtitiâ quòd primas teneat.* (Après *se réjouir,* *de* s'exprime par *quòd.*)

III.

§ 419, Quand *de,* suivi d'un infinitif, peut se tourner par *si,* on l'exprime par *si.*

Exemple : Vous me ferez plaisir de lui écrire; *tournez, si vous lui écrivez, pergratum mihi feceris, si ad eum scripseris.*

IV.

§ 420. Quand *de,* suivi d'un infinitif, peut se tourner par *moi qui, vous qui*....on l'exprime par *qui, quæ, quod,* avec le subjonctif.

Exemple : Que vous êtes malheureux d'avoir couru de vous-même à la mort ! *O te infelicem, qui ultrò ad necem cucurreris !*

Préposition A, *devant un infinitif.*

I.

§ 421. Quand la Préposition *à,* précédée d'un Nom, peut se tourner par *qui, que,* on l'exprime par *qui, quæ, quod,* avec le subjonctif.

Exemple : Je n'avais rien à vous écrire ; *tournez, que je vous écrivisse, nihil habebam quod ad te scriberem.*

II.

§ 422. Quand *à* peut se tourner par *si,* on l'exprime en latin par *si.*

Exemple : A l'entendre parler, vous diriez....; *tour-*

nez, si vous'l'entendiez parler....; *quem si loquentem audias, dicas....*

Remarque. On met élégamment en latin le présent du subjonctif, au lieu de l'imparfait.

§ 423. Quand *à* peut se tourner par *pour*, on l'exprime par *ut* avec le subjonctif; et, s'il suit une négation, c'est par *ne*.

Exemples: A dire vrai; *tournez,* pour dire vrai, *ut verum dicam.*

A ne pas mentir, *ne mentiar.*

ÊTRE *homme à..... femme à.....;* tournez, *être celui, celle qui.*

§ 424. Règle. *N'être pas homme à.... femme à..,. capable de....* se tourne par *n'être pas celui, celle qui,* et s'exprime par *non is.... qui, non ea quæ,* avec le subjonctif; et le second Verbe est toujours à la même personne que le premier.

Exemples: Je ne suis pas homme à reculer, *non is sum qui pedem referam.*

Votre mère n'est pas femme à élever mal ses enfants, *non ea est tua mater, quæ liberos suos malè instituat.*

§ 425. Si *être* ou *n'être pas capable* a pour Nominatif un Nom de chose animée, on l'exprime par *posse, possum.*

Exemple: Tous les trésors du monde ne sont pas capables de satisfaire son avarice, *thesauri quilibet illius avaritiam satiare non possunt.*

Préposition POUR.

Pour s'exprime de différentes manières, suivant ses différentes significations.

I.

§ 426. Quand *pour* signifie *envers*, il s'exprime par *in* ou *erga*, avec l'Accusatif.

Exemple : Mon zèle pour vous, *meum in te* ou *erga te studium.*

II.

§ 427. Quand *pour* peut se tourner par *de*, on le rend par le Génitif.

Exemple : L'amour pour la liberté nous est naturel; tournez, l'amour de la liberté..., *amor libertatis nobis est innatus.*

III.

§ 428. Quand *pour* signifie *au lieu de*, il s'exprime par *pro* avec l'Ablatif, ou par *loco* avec le Génitif.

Exemple : Pour une épée, il prit un bâton, *pro gladio* ou *loco gladii fustem sumpsit.*

IV.

§ 429. Quand *pour* signifie *à cause de*, il s'exprime par *ob* ou *propter,* avec l'Accusatif.

Exemple : Je l'aime pour sa modestie, *illum propter modestiam amo.*

V.

§ 430. Quand *pour* signifie *pour l'amour de,* il se rend par *causâ* ou *gratiâ* avec le Génitif.

Exemple : Je ferai volontiers cela pour lui, *id libenter illius causâ faciam;* pour vous, *tuâ causâ.* (Au lieu des Génitifs *meî, tuî,* on dit *meâ, tuâ,* devant *causâ.*)

VI.

§ 431. Quand *pour* marque l'intention, le motif, il se rend par *in* avec l'Accusatif.

Exemple : Employez tous vos soins pour votre santé, *omnem curam in valetudinem confer.*

VII.

§ 432. *Pour* signifiant *à l'avantage, au désavantage de,* se rend en latin par le Datif.

Exemples : Je craignais pour votre vie, *vitæ tuæ metuebam.*

Demander grâce pour quelqu'un, *veniam alicui petere.*

VIII.

§ 433. *Pour,* devant un infinitif, s'exprime par *ad* avec le gérondif en *dum,* ou par *ut* avec le subjonctif, ou par *causâ, gratiâ,* avec le gérondif en *di.*

Exemple : Il se leva pour répondre, *surrexit ad respondendum,* ou *ut responderet,* ou *respondendi causâ.*

§ 434. On se sert aussi quelquefois du futur en *rus, ra, rum,* que l'on fait accorder avec le Nominatif : *Surrexit responsurus.*

§ 435. Si *pour* est suivi d'un comparatif, au lieu de *ut* on se sert de *quò.*

Exemple : Reposez-vous pour mieux travailler, *otiare quò meliùs labores.*

§ 436. Quand *pour* est accompagné d'une négation, il se rend par *ne* avec le subjonctif.

Exemple : Pour ne pas vous ennuyer, *ne vobis tædium afferam.*

IX.

§ 437. Si *pour,* devant un infinitif, peut se tourner par *qui, que,* on l'exprime par *qui, quæ, quod,* avec le subjonctif.

Exemple : Il m'envoya quelqu'un pour m'avertir ; tournez, quelqu'un qui m'avertît, *misit hominem qui me moneret.*

X.

§ 438. *Pour,* devant le parfait de l'infinitif, suivi de

ces mots, *ce n'est pas à dire pour cela que…* se tourne
par *quoique.*

Exemple: Pour avoir salué des méchants, ce n'est
pas à dire pour cela que je sois méchant, *quamvis improbos salutaverim, non continuò sum improbus.*

XI.

§ 439. *Pour peu que* se tourne par *si peu que,* et
s'exprime par *si vel minimùm.*

Exemple: Pour peu que vous vouliez réfléchir, vous
comprendrez la chose, *si vel minimùm cogitare volueris, rem percipies.*

XII.

§ 440. *Pour,* dans ces façons de parler, *pour moi,
pour vous,* se rend par *verò,* que l'on met après le
Pronom.

Exemples: Pour moi, je suis prêt, *ego verò sum
paratus.*

Pour vous, il vous importe, *tuâ verò interest.*

XIII.

§ 441. *Pour,* signifiant *eu égard à….* se rend en
latin par *ut,* et quelquefois par *pro,* qui gouverne
l'Ablatif.

Exemples: Il avait assez de littérature pour un Romain, *c'est-à-dire* eu égard à un Romain, *erant multæ
ut in homine Romano litteræ.*

Il était habile pour ce temps-là, *erat ut illis tempo-
ribus eruditus.*

Il est assez savant pour son âge, *pro ætate satìs est
eruditus.*

Préposition SANS, *devant un infinitif français.*

I.

§ 442. Iʳᵉ RÈGLE. Quand le Verbe qui précède *sans*

10.

n'a ni négation ni interrogation, on tourne *sans* par *et ne pas*, et on l'exprime par *nec*.

Exemple : Il est sorti sans fermer la porte ; *tournez, et il n'a pas fermé la porte, exiit, nec fores clausit.*

II.

§ 443. IIme Règle. Quand le premier Verbe est accompagné d'une négation ou d'une interrogation, on tourne *sans* par *que ne*, et on l'exprime par *quin* ou *nisi*.

Exemple : Personne ne devient savant, qui peut devenir savant, sans lire beaucoup ? *tournez,* qu'il ne lise..., *nemo fit doctus, quis potest doctus fieri, quin multa legat ?*

§ 444. Remarque. On tourne aussi quelquefois *sans* par *avant que, priusquàm :* Je ne partirai pas sans vous avoir dit adieu ; *tournez,* avant que je vous aie dit adieu, *non proficiscar priusquàm tibi vale dixerim.*

Différentes manières d'exprimer la Préposition Sans, *devant un infinitif.*

§ 445. 1º Par un Nom dérivé d'un Verbe : Sans pleurer, *sinè lacrymis ;* sans craindre, *sinè metu.*

§ 446. 2º Par un Adjectif : Passer la nuit sans dormir, *noctem insomnem ducere ;* sans blesser sa conscience, *salvá fide ;* sans se plaindre, *æquo animo.*

§ 447. 3º Par un Adverbe : Sans faire semblant de rien, *dissimulanter ;* sans y penser, *temerè, imprudenter.*

§ 448. 4º Par un Participe : Vous comprenez cela sans que je vous le dise, *id etiam me tacente intelligis ;* sans rire, *remoto joco ;* sans tarder, *nullá interpositá morá.*

Après, *suivi d'un Nom.*

§ 449. *Après* s'exprime par *post* avec l'Accusatif.
Exemple : Après le dîner, *post prandium.*

§ 450. Quand *après* marque la seconde place, le second rang, on l'exprime par *secundùm* avec l'Accusatif, ou par *a* ou *ab* avec l'Ablatif.

Exemple : Après Cicéron, il est, sans contredit, le premier des orateurs; *secundùm Ciceronem*, ou bien *à Cicerone est oratorum facilè princeps*[1].

II. APRÈS, *suivi d'un infinitif français.*

§ 451. RÈGLE. *Après*, suivi du parfait de l'infinitif actif, se tourne par *après que*, et s'exprime par *postquàm, quum*, et le Verbe se met à différents temps de l'indicatif, de cette manière :

Exemples: Après avoir lu, j'écris ; *c'est-à-dire*, après que j'ai lu.... *postquàm legi scribo.*

Après avoir lu, j'écrivais ; *c'est-à-dire* après que j'avais lu..., *postquàm legeram, scribebam.*

Après avoir lu, j'ai écrit ; *c'est-à-dire* après que j'eus lu..., *postquàm legi, scripsi.*

Après avoir lu, j'écrirai ; *c'est-à-dire* après que j'aurai lu..., *postquàm legero, scribam.*

AVANT, *suivi d'un infinitif français.*

§ 452. RÈGLE. *Avant*, suivi d'un infinitif, se tourne par *avant que, antequàm, priusquàm*, avec le subjonctif, de cette manière :

Exemples : Je lis, je lirai avant d'écrire ; *tournez*, avant que j'écrive, *lego, legam, antequàm scribam.*

Je lisais, j'ai lu, j'avais lu avant d'écrire ; *tournez*,

---

[1] *Après*, signifiant *immédiatement après*, se rend par *sub* avec l'Accusatif.

Exemple : Après cette lettre, on lut la vôtre, *sub eas litteras, recitatœ sunt tuœ.*

avant que j'écrivisse, *legebam, legi, legeram, ante-quàm scriberem*[1].

Í. Au lieu de, *suivi d'un Nom.*

§ 453. *Au lieu de* s'exprime par *pro* avec l'Ablatif, u par *loco* avec le Génitif.

Exemple : Au lieu d'épée, il se servit d'un bâton, *pro gladio* où *loco gladii, fuste usus est.*

II. Au lieu de, *suivi d'un infinitif.*

§ 454. 1° On le tourne par *lorsque je devrais, tu devrais, il devrait...,* quand il y a obligation de faire la chose.

Exemple : Au lieu de lire, il joue ; *tournez,* lorsqu'il devrait lire..., *quùm legere deberet, ludit.*

§ 455. 2° On le tourne par *lorsque je pourrais, tu pourrais, il pourrait...,* quand il n'y a qu'une simple permission de faire la chose.

Exemple : Au lieu de jouer, il lit ; *tournez,* lorsqu'il pourrait jouer..., *quum posset ludere, legit.*

III.

§ 456. *Au lieu de....* précédé d'un Verbe à l'impératif, s'exprime par *non autem ;* et le second verbe se met aussi à l'impératif en latin.

Exemple : Lisez au lieu de badiner; *tournez,* lisez, et ne badinez pas, *lege, non autem nugare.*

IV.

§ 457. *Au lieu que* se tourne par *au contraire,* et s'exprime par *verò, autem,* que l'on met après un mot.

---

[1] *Avant,* suivi d'un parfait de l'infinitif, peut se rendre par un participe passé, en y ajoutant une négation.
Exemple : Il est parti avant d'avoir terminé l'affaire, *c'est-à-dire* l'affaire n'étant pas terminée, *infecto negotio profectus est.*

Exemple : Il lit, au lieu que vous badinez ; *tournez,* vous, au contraire, vous badinez, *legit ille, tu verò nugaris.*

V.

§ 458. Quand *au lieu de,* suivi d'un infinitif, peut se tourner par *bien loin de,* on l'exprime de même.

Bien loin de, *suivi d'un infinitif.*

§ 459. Règle. *Bien loin de,* suivi d'un infinitif, s'exprime par *nedùm* avec le subjonctif, et le membre de la phrase où il se trouve devient le second.

Exemple : Bien loin de m'aimer , il me regarde à peine ; *tournez,* il me regarde à peine, bien loin qu'il m'aime, *vix me aspicit, nedùm amet* [1].

CHAPITRE SIXIÈME.

CONJONCTIONS FRANÇAISES.

La principale Conjonction française est *Que* ; nous en avons parlé dans différents articles.

Si *conditionnel.*

I.

§ 460. Si, au commencement d'une phrase, se traduit par *si,* et veut le subjonctif devant un imparfait ou un plus-que-parfait.

Exemple : Si vous le faisiez, si vous l'aviez fait pour l'amour de moi, *id si faceres, si fecisses causâ meâ.*

§ 461. Ire Remarque. Quelquefois, au lieu de répéter *si,* on met *que* en français.

---

[1] On peut encore tourner par *adeò non* au premier membre, *ut* au second : *adeò non me amat, ut vix adspiciat.*

Exemple : Si vous aviez voulu et que vous eussiez pu, *si voluisses et potuisses.*

§ 462. IIᵉ Remarque. Quand le second Verbe est au futur, il vaut mieux mettre le premier au futur en latin.

Exemple : Si vous lisez ce livre, j'en serai charmé, *quem librum si leges, lœtabor.*

II.

§ 463. Quand *si* est suivi de *ne* seulement, on le traduit par *nisi,* avec le subjonctif.

Exemple : Si vous ne prenez garde, *nisi caveas.*

III.

§ 464. Quand *si* est suivi de *ne pas, ne point,* on le traduit par *si non, si minùs;* et ces mots, *au moins, du moins, pour le moins,* s'expriment par *saltem, at certè, at minimùm.*

Exemple : Si vous ne craignez pas les hommes, au moins craignez Dieu , *si non homines , at certè Deum time.*

IV.

§ 465. *Si,* signifiant *quand, parce que,* ne veut pas le subjonctif, ce qui arrive lorsqu'il est suivi de deux imparfaits ou de deux parfaits.

Exemple : Si je l'appelais, il s'en allait; *tournez,* quand je l'appelais, *quem si arcessebam, abibat.*

§ 466. Remarque. *Que si s'exprime par quòd si; mais si, par sin, sin autem; si au contraire, si cela n'était pas, par sin aliter, sin minùs.*

§ 467. *Si ce n'est que, à moins que,* par *nisi, nisi fortè, nisi verò, nisi si. Si ce n'est,* suivi d'un Nom, par *nisi,* avec le même cas que devant; ou par *præter* avec l'Accusatif.

Sɪ *dubitatif.*

§ 468. *Si,* après les Verbes de doute, comme *douter si, examiner si, ne pas savoir si, délibérer si, demander si, juger, dire, s'informer si,* etc., s'exprime

par *an, utrùm* [1]. *Ou si* s'exprime par *an. Ou non*
s'exprime par *an non, necne.*

Exemples : Elle demanda si elle était plus grosse
que le bœuf, *interrogavit an esset latior bove.*

Je ne sais s'il dort, ou s'il écoute, *nescio utrùm dormiat, an audiat;* s'il dort, ou non, *an dormiat, necne.*

COMME, DE MÊME QUE.

I.

§ 469. *Comme, de même que,* dans le premier
membre d'une comparaison, s'expriment par *ut* ou
quemadmodùm avec l'indicatif; et *de même,* dans le
second membre, s'exprime par *sic* ou *ità.*

Exemple : Comme le feu éprouve l'or, de même
l'adversité éprouve l'homme courageux ; *ut* ou *quemadmodùm ignis aurum probat, sic* ou *ità miseria
fortes viros.*

II.

§ 470. *Comme,* signifiant *pendant que, puisque,* se
rend par *quum,* et il veut le subjonctif.

Exemples : Comme on le menait au supplice...;
tournez, pendant qu'on le..., *quum ad supplicium
duceretur.*

Comme la chose est ainsi, *c'est-à-dire* puisque la
chose est ainsi, *quum ità se res habeat.*

DIFFÉRENTES LOCUTIONS FRANÇAISES.

ALLER, DEVOIR, IL FAUT, *suivis d'un infinitif.*

I.

§ 471. Quand *aller, devoir,* suivis d'un infinitif,

---

[1] Nous avons déjà fait remarquer que ce n'est pas par *an*, mais par
nùm ou *ne* qu'on traduit *si* dubitatif. On emploie *utrùm* dans le premier
membre, *an* dans le second, quand il y a deux propositions.

marquent seulement qu'une chose est près de se faire, on n'exprime pas les Verbes *aller*, *devoir*; mais on met le Verbe suivant au Participe du futur avec le Verbe *sum, es, est*, que l'on met au même temps où le Verbe *aller* est en français.

Exemples : Je vais *ou* je dois partir, *mox profecturus sum.*

Il devait partir, *profecturus erat.*

La ville doit être pillée demain, *urbs cras diripienda est* [1].

II.

§ 472. Quand les Verbes *devoir*, *il faut*, marquent obligation, on tourne la phrase par le passif, et l'on se sert du futur en *dus, da, dum.*

Exemple : Il faut réprimer ses passions; *tournez*, les passions doivent être réprimées, *comprimendæ sunt libidines* [2].

III.

§ 473. Si le Verbe qui suit *devoir*, *il faut*, ne gouverne pas l'Accusatif, servez-vous du Participe neutre en *dum*, avec *est*, et mettez au cas du Verbe le Nom ou le Pronom suivant :

Exemple : Il faut servir Dieu, *serviendum est Deo.* (Le Verbe *servire* gouverne le Datif.)

(On peut aussi se servir de *debere* ou *oportere* : *Oportet Deo servire.*)

TANT S'EN FAUT QUE... ÊTRE SI ÉLOIGNÉ DE.

§ 474. *Tant s'en faut* s'exprime par *tantùm abest*, et les deux *que* suivants par *ut*, avec le subjonctif.

Exemple : Tant s'en faut qu'il vous haïsse, qu'au

---

[1] Aller sans idée de mouvement, peut se rendre quelquefois de cette manière : *n'allez pas tomber : cave ne cadas.*

[2] Exprimez de même par le Participe en *dus, da, dum*, AVOIR BESOIN suivi d'un infinitif : Il a besoin d'être excité au travail, *is ad laborem est incitandus.*

contraire il vous aime, *tantùm abest ut te oderit, ut contrà te amet.*

§ 475. On peut exprimer *tant s'en faut que* par *adeò non*, et le second *que* par *ut* : *Adeò non te odit, ut contrà te amet.* On peut encore le tourner par *bien loin de*, et l'exprimer de même. *Te amat, nedum oderit.*

———

PEU S'EN FAUT, IL S'EN FAUT PEU QUE.

§ 476. *Peu s'en faut, il ne tient à rien que*, s'expriment par *parùm abest* [1], et *que* par *quin* avec le subjonctif.

Exemple : Peu s'en faut que je ne sois très-malheureux, *parùm abest quin sim miserrimus.*

Peu s'en fallut qu'il ne tombât, *parùm abfuit quin caderet* [2].

§ 477. *Penser, faillir, manquer*, suivis d'un infinitif, sont la même chose que *peu s'en faut*. Il a pensé tomber....

———

IL S'EN FAUT BEAUCOUP QUE..... ÊTRE BIEN ÉLOIGNÉ DE.....

§ 478. *Il s'en faut beaucoup* s'exprime par *multùm abest*... *combien s'en faut-il* par *quantùm abest*; et le *que* suivant par *ut* avec le subjonctif.

Exemple : Il s'en faut beaucoup que vous surpassiez vos condisciples, *multùm abest ut tuos superes condiscipulos.*

§ 479. Cette façon de parler, *faut-il que*, mise par exclamation, ne s'exprime pas ; on met le Nom ou Pronom à l'Accusatif, et le Verbe suivant à l'infinitif.

Exemple : Faut-il que je sois si malheureux! *Mene ità miserum esse!*

———

[1] *Parùm abest* ne se trouve dans aucun auteur latin : il faut employer *non multùm, haud multùm abest*, ou tout au plus *paulùm abest.*

[2] On peut encore exprimer *peu s'en faut* par *tantùm non* ou par *penè :* Peu s'en est fallu qu'il ne tombât ; *tournez*, seulement il n'est pas tombé, *tantùm non cecidit; ou*, il est presque tombé, *penè cecidit.*

FAIRE *suivi d'un infinitif français.*

I.

§ 480. Quand le Verbe *faire* signifie *faire en sorte*, on l'exprime par *facere* ou *dare operam ut*, avec le subjonctif.

Exemple : Faites-moi savoir; *tournez*, faites en sorte que je sache, *fac ut sciam.*

§ 481. *Faire connaître*, quand il a pour Nominatif un nom de chose inanimée, se tourne de la manière suivante :

Exemple : Votre lettre m'a fait connaître; *tournez*, j'ai connu par votre lettre, *ex litteris tuis cognovi.*

II.

§ 482. Quand *faire* signifie *contraindre, commander, engager*, on l'exprime par *cogere, jubere, impellere.*

Exemples : Vous me faites mourir, *c'est-à-dire* vous me contraignez...., *mori me cogis.*

Il le fit tuer, *c'est-à-dire* il ordonna qu'il fût tué, *jussit eum occidi.* (Après *jubeo*, on met toujours le Verbe au présent de l'infinitif.)

Cela m'a fait croire, *c'est-à-dire* cela m'a engagé à croire, *id me impulit ut crederem.*

III.

§ 483. *Ne faire que de..*, se tourne par *tout à l'heure*, et s'exprime par *modò.*

Exemple : Il ne fait que d'arriver; *tournez*, il est arrivé tout à l'heure, *modò advenit.*

IV.

§ 484. *Ne faire que...* se tourne par *toujours*, et s'exprime par *semper, perpetuò* [1].

---

[1] Ou plutôt *assiduè.*

Exemples: Il ne fait que badiner; *tournez,* il badine toujours, *perpetuò nugatur.*

Se faire donner quelque chose par force, *aliquid vi extorquere.*

Faire sa paix avec quelqu'un, *in gratiam redire cum aliquo.*

Faire espérer à quelqu'un que..., *aliquem in spem adducere.* (Le *que* se retranche.)

Faire concevoir une bonne opinion de soi, *bonam sui* ou *de se spem concitare.*

Les autres significations du Verbe *Faire* se trouvent dans le dictionnaire.

VENIR DE.... *devant un infinitif français.*

I.

§ 485. *Venir de...* devant un infinitif, se tourne par *tout à l'heure,* modò.

Exemple : Il vient de partir, *tournez,* il est parti tout à l'heure, *modò profectus est.*

II.

§ 486. *Venir à.... N'allez pas...,* devant un infinitif, ne s'expriment pas en latin.

Exemples : S'il vient à savoir cela ; *tournez,* s'il sait cela, *id si rescierit.*

N'allez pas vous imaginer ; *tournez,* ne vous imaginez pas, *ne existimes* ou *noli existimare.*

ÊTRE PRÈS *ou* SUR LE POINT DE....

§ 487. *Être sur le point de....* devant un infinitif, se tourne par *dans peu, bientôt,* MOX *ou* JAMJAM ; et le Verbe suivant se met au futur en *rus, ra, rum* pour l'actif, en *dus, da, dum* pour le passif, avec *sum.... eram....*

Exemple : Il était sur le point de prendre la ville, *mox* ou *jamjam oppido potiturus erat.* On dit encore : *In eo erat ut oppido potiretur.*

NE MANQUER PAS DE.....

I.

§ 488. *Ne manquer pas de...* devant un infinitif, se tourne par *certainement,* profectò.

Exemple : Je ne manquerai pas de lui écrire ; *tournez,* je lui écrirai certainement, *ad illum profectò scribam.*

II.

§ 489. Mais quand on commande quelque chose, *ne manquez pas* se tourne par *souvenez-vous, memento;* au pluriel, *mementote.*

Exemple : Ne manquez pas de l'avertir, *memento ut illum moneas.*

LAISSER, *devant un infinitif.*

I.

§ 490. *Laisser,* devant un infinitif, se tourne par *permettre que,* et s'exprime par *sinere.* (Le *que* se retranche.)

Exemple : Vos chants ne me laissent pas dormir, *cantus tui non sinunt me dormire.*

II.

§ 491. *Ne pas laisser de,* devant un infinitif, se tourne par *cependant, tamen.*

Exemple : Quoique je vous attende vous-même, ne laissez pas de donner une lettre, *quamquam te ipsum exspecto, da tamen epistolam.*

S'OCCUPER A... SE METTRE A... SE MÊLER DE...

§ 492. Les Verbes *s'occuper à*, *se mêler de*, devant un infinitif, ne s'expriment pas en latin.

Exemple : Il s'occupe à lire; *tournez*, il lit, *legit*.

§ 493. *Se mettre à*...., devant un infinitif, s'exprime en latin par *cœpisse*, *cœpi*; il se mit à pleurer, *flere cœpit*.

———

AVOIR LA FORCE DE..... LA HARDIESSE DE.....

§ 494. *Avoir la force de*..., devant un infinitif, s'exprime par *sustinere*, *audere*, avec l'infinitif latin.

Exemple : Avez-vous bien eu la force de nier cela? *sustinuisti*, *ausus es id negare?*

———

NE SERVIR QU'A.....

§ 495. *Ne servir qu'à*..., devant un infinitif, ne s'exprime pas en latin.

Exemple : Cela ne sert qu'à aigrir ma douleur; *tournez*, cela aigrit..., *hoc dolorem meum exulcerat*.

———

SAVOIR, *devant un infinitif français.*

§ 496. *Savoir*, devant un infinitif, ne s'exprime pas en latin [1].

Exemple : Il sut profiter de cette occasion; *tournez*, il profita de..., *eâ occasione usus est*.

———

IL ME TARDE DE... JE SUIS DANS L'IMPATIENCE DE...

§ 497. *Il tarde de*..., *être dans l'impatience de*..., s'expriment par *nihil longiùs est quàm*... avec l'infinitif, ou *quàm ut*..., avec le subjonctif.

———

[1] Du moins, quand il n'est pas l'équivalent de : *avoir le talent de*, auquel cas on le traduit par *scire*.

Exemple : Il me tarde de vous voir, *nihil mihi longiùs est quàm ut te videam.*

IL NE TIENT QU'A.....

§ 498. Il ne tient qu'à moi, qu'à vous, qu'à lui, que cela ne se fasse, *per me, per te, per hunc unum stat, quominùs id fiat.*

AVOIR BEAU.

§ 499. *Avoir beau...,* devant un infinitif, se tourne par *en vain,* frustrà, ou par *quoique,* quamvis.

Exemple : Vous avez beau crier; *tournez,* vous criez en vain, *frustrà vociferaris;* ou, quoique vous criiez, *quamvis vociferere.*

AVOIR DE LA PEINE A.....

§ 500. *Avoir de la peine à...,* devant un infinitif, se tourne par *difficilement.*

Exemple : Il a eu de la peine à obtenir cela ; *tournez,* il a obtenu difficilement, *ægrè id impetravit.*

N'avoir pas de peine à..., se tourne par *facilement.*

A FORCE DE.....

§ 501. *A force de...,* devant un infinitif, se rend par le Nom dérivé du Verbe, avec *multus, a, um.*

Exemple : A force de travailler, il est devenu savant; *tournez,* par beaucoup de travail..., *multo labore doctus evasit.*

POUR NE PAS DIRE.

§ 502. *Pour ne pas dire* s'exprime par *ne dicam,*

et le **Nom** ou l'**Adjectif** suivant se met au même cas que celui qui précède, quand on renvoie le premier Verbe à la fin.

Exemple : Vous êtes un enfant, pour ne pas dire un badin, *tu puer, ne dicam nugator, es.*

Avoir le bonheur de.... Avoir le malheur de....

§ 503. *Avoir le bonheur de....* s'exprime par *contingere ut...; le malheur de...,* par *accidere ut.*

Exemples : J'ai eu le bonheur de voir le roi ; *tournez,* il m'est arrivé de..., *mihi contigit ut regem viderem.*

J'ai eu le malheur d'être vaincu, *mihi accidit ut vincerer.*

Avoir lieu, sujet ou raison.

§ 504. *Avoir lieu, sujet* ou *raison,* se tourne par le Verbe *être,* et l'infinitif suivant se met au gérondif en *di.*

Exemple : Vous n'avez pas lieu de craindre, *c'est-à-dire* lieu n'est pas à vous de craindre, *tibi non est timendi locus.*

(On peut encore exprimer *de* par *quod* ou *cur,* avec le subjonctif : *Non est quod timeas.*)

Vous ne sauriez croire.

§ 505. Souvent l'imparfait du subjonctif, au commencement d'une phrase, se met en latin au présent du subjonctif, surtout avec *volo, nolo, malo, audeo* et *possum.*

Exemples : Vous ne sauriez croire, *vix credas* ou *vix credideris.*

Vous le prendriez pour un homme sage, *eum sapere putes.*

———

MALGRÉ.

I.

§ 506. *Malgré*, devant un Nom de personne, s'exprime par *invitus, a, um,* que l'on fait accorder avec ce Nom.

Exemples : Il a fait cela malgré lui, *id invitus fecit.*
Je l'ai renvoyé malgré lui, *illum invitum dimisi.*
J'ai fait cela malgré lui, *id illo invito feci.*

II.

§ 507. *Malgré*, devant un Nom de chose, se tourne par *quoique* avec un Verbe.

Exemple : Il le tua, malgré ses cris redoublés, *tournez,* quoiqu'il criât beaucoup, *illum quamvis clamitaret, interfecit.*

———

AU HAUT DE.... AU MILIEU DE..... AU BAS DE.....

§ 508. Le haut, le sommet d'un arbre, d'un rocher. d'une montagne ; *summa arbor, summa rupes, summus mons.* Au haut de l'arbre, *in summâ arbore.*

Le milieu d'un arbre, d'un rocher, d'une montagne, *media arbor, media rupes, medius mons.* Au milieu du marché, *in medio foro.*

Le bas d'un arbre, d'une montagne, *ima arbor, imus mons.*

Le bout des doigts, *extremi digiti.*

Le fond de la mer, *imum mare.*

FIN.